JUST FOR GIRLS

Für Janika

Michaela Böhm ist diplomierte Sozialpädagogin und arbeitete von 1985 bis 1986 in der offenen Jugendarbeit in Frankfurt. Nach einigen Jahren bei der Frankfurter Rundschau und den Nürnberger Nachrichten ist sie seit 1993 als freie Journalistin in Frankfurt am Main tätig. Schwerpunkte ihrer Arbeit bilden die Themen Mädchen und Frauen.

Hans-Jürgen Feldhaus wurde 1966 in Ahaus an der holländischen Grenze geboren. Nach einer Ausbildung zum Lithografen studierte er Grafik-Design und hat heute zusammen mit vier anderen Grafikern ein eigenes Atelier. Hans-Jürgen Feldhaus illustriert bei verschiedenen Verlagen seit einigen Jahren Bücher für Kinder.

Michaela Böhm

JUST FOR GIRLS

Alles über deinen Körper,
die Liebe und deine Zukunft

Illustrationen von Hans-Jürgen Feldhaus

Loewe

Weil das Buch nicht allein auf meinem Mist gewachsen ist, möchte ich mich bei all denen bedanken, die mir dabei halfen. Das ist zunächst die Pro Familia und ganz besonders Waltraud Krebsbach-Heß aus der Beratungsstelle Frankfurt-Höchst, die sich von mir bei ihrer Arbeit über die Schulter gucken ließ. Ebenfalls Manfred Menzel von der Beratungsstelle in Dietzenbach, der sich die Zeit nahm, mir viel über das Innen- und Seelenleben von Jungen zu erzählen. Bedanken möchte ich mich auch bei Brigitte Schumann vom Frankfurter Zentrum für Ess-Störungen für ihre Tipps und bei Dr. Barbara Dennis vom Arbeitskreis Frauengesundheit in Medizin, Psychotherapie und Gesellschaft, die mir medizinische Zusammenhänge erläuterte und Wert legt auf ein partnerschaftliches Verhältnis zwischen Ärztin und Patientin. Sowie bei Sunny Graff, die mir sowohl durch ihre Selbstverteidigungskurse als auch durch ihr Buch „Mit mir nicht!" wertvolle Einblicke für ein anderes Verständnis von Gewalt gegen Frauen vermittelte. Die Kosmetikrezepte wurden mit freundlicher Genehmigung aus dem AOK-Medienpaket Umwelt „Gesunde Umwelt – Unsere Zukunft" entnommen. Mein Dank gilt auch vielen anderen Organisationen und Institutionen, die mir bei der Recherche weiterhalfen. Zum Schluss danke ich natürlich allen Mädchen (und den Jungen), die sich nicht scheuten, mir gegenüber ihre Erfahrungen, Unsicherheiten und Wünsche unverblümt zu erzählen. Zu guter Letzt halfen mir Viktor, Esther und Gerhard – meine ersten Leser – mit konstruktiver Kritik.

Dieses Buch ist auf chlorfrei gebleichtem Papier gedruckt.

Die Deutsche Bibliothek – CIP-Einheitsaufnahme

Böhm, Michaela:
Just for Girls : alles über deinen Körper, die Liebe
und deine Zukunft / Michaela Böhm.
Ill. von Hans-Jürgen Feldhaus.
– 1. Aufl. – Bindlach : Loewe, 1998
ISBN 3-7855-3172-9

ISBN 3-7855-3172-9 – 1. Auflage 1998
© 1998 Loewe Verlag GmbH, Bindlach
Sexualpädagogische Beratung:
Renate Reddemann, Pro Familia
Umschlaggestaltung: Heinzerling Werbegrafik, Frankfurt
Redaktion: Susanne Bertels

Inhalt

EASY, HAPPY, TRENDY

Weil kein Mensch ein Vorwort liest, gibt's auch keins.

Du hast das Buch von deinen Eltern bekommen? Und denkst jetzt: *„Typisch – kein Mumm, um über Sex zu reden. "* Lass mal.
Auch Eltern haben ein Recht auf hochrote Köpfe.
Aufklärung? *„Weiß ich doch alles"*, stöhnst du.
Du bist bereits Expertin für Bakteriologie und kennst sämtliche Viren, die Aids verursachen. Schade, dass dein Lehrer beim Thema Sex jedes Mal von einem Blackout-Virus befallen wurde.
„Nicht schon wieder. "
Du weißt, in welchem Alter Mädchen den ersten Kuss bekommen und durchschnittlich das erste Mal mit einem Jungen schlafen. Dabei fühlst du dich wie die Teilnehmerin an einem Wettrennen, die den Startschuss nicht gehört hat. Du wirst aber stutzig, wenn du hörst, Mädchen würden zu Frauen, wenn sie ihre Monatsblutung bekommen, und Jungs zu Männern, wenn sie einen Samenerguss haben. Ungerecht. Wie war das noch bei den Mädchen mit der Lust und dem kribbeligen Gefühl?
„Noch mehr raffinierte Sextipps?" Bloß nicht! Stattdessen möchtest du viel lieber wissen, ob es anderen Mädchen zur Zeit genauso geht: mal unbestimmt traurig zu sein, mal plötzlich loslachen zu müssen und irgendwie nicht zu wissen, wohin mit sich selbst, also eben diese Knuddel- und Kuddel-Muddel-Gefühle zu haben.

Also! Kein Stress. Vielmehr ein Buch fürs eigene Tempo-Meter. Frühstarter und Spätzünder? Unsinn. Jede hat ihr eigenes Tempo und ein Gefühl dafür, was sie jetzt mag oder doch nicht, schon bald oder nie. Leben nach eigener Fasson.

Versprochen: Hier pfeift dich keiner zurück.

Hü oder hott?

EIN BLICK IN DEN SPIEGEL

Ja, was nun? Alt genug oder doch noch zu jung? Sexy oder aufreizend? Frech oder altklug? Pfiffig oder vorlaut? Geschminkt oder angemalt? Schau mal in den Spiegel. Wer guckt dir entgegen? „Ich natürlich – blöde Frage." Nee, nicht blöd. Du steckst dir die Haare nach oben, lässt eine Strähne vorwitzig in die Stirn fallen, schminkst dir den Mund rot und die Augen schwarz, drehst deinen Nasenstecker in den rechten Nasenflügel und drehst und wendest dich. Wie sieht das aus? Und schon überlegst du: Was wird deine Mutter sagen, wenn sie dich so

sieht? Wie wird's deiner Freundin gefallen? Was sagen die anderen in der Schule dazu? Und überhaupt: Kann man so rumlaufen? In den Spiegel guckst eben nicht nur du. Hinter dir tummeln sich lauter fragende, spöttische, anerkennende, lobende, abschätzige und kritische Blicke.

Jeder Mensch möchte schön sein. Jedes Mädchen, jeder Junge sehnt sich danach, beliebt und geschätzt, begehrt und geliebt zu sein. Schönheit, das scheint so ein Garant für alles Mögliche zu sein. Bist du schön, hast du Erfolg. Bist du schön, bist du begehrt. Bist du schön, bist du beliebt und wirst geliebt.

Beautyholic – Wahnsinns-Schönheit

Mädchen bekommen in erster Linie Anerkennung für ihr Aussehen, ihre Kleidung, ihre Frisur, ihre Figur. Sie lernen früh, dass das allein zählt. Schönheit wird reduziert aufs Äußere. Tipps nach dem Motto „Mach das Beste aus deinem Typ" gibt's zuhauf. Dir wird eingeimpft, dass du nicht genug bist, wie du bist. Aber mit ein paar Tricks und ein paar Kniffen könntest du deine Geburtsfehler kaschieren. Geburtsfehler, so sagt das natürlich keiner. Kleine Schönheitsfehler heißt das. Erst mit Cremes und Pinsel, mit Gel und schicken Klamotten, später mit Masken und Anti-Falten-Creme und immer häufiger sogar mit dem Skalpell: Brustvergrößerungen und -verkleinerungen, Lifting im Gesicht und Nasenkorrekturen – es gibt nur noch wenige Körperteile, die nicht unters Messer kommen.

... und schon fühlst du dich gut!

Hast du mal schlechte Laune, gibt's Stimmungsaufheller wie zum Friseur gehen, die Fingernägel maniküren, eine Diät einlegen. Wieder mit der Botschaft: Mach dich hübsch, dann fühlst du dich besser. Da wächst sich geradezu eine neue Sucht aus, die „Beautyholic", die Sucht nach Schönheit. Und dabei wird dir vorgegaukelt, Schönheit sei ein unveränderlicher Wert, so wie eine chemische Formel. Stimmt aber nicht. Schönheitsideale sind auf der ganzen Welt unterschiedlich und bei uns auch nicht immer gleich gewesen.

Was ist eigentlich schön?

„Pah", sagst du jetzt, „wenn ich meine Freundinnen frage, wie eine schöne Frau auszusehen hat, dann kommt von allen ungefähr das Gleiche." Stimmt. Zähl mal auf: Eine schöne Frau, die ist schlank, groß, hat schmale Hüften, lange Beine, einen knackigen, nicht zu runden Po, volle, sinnliche Lippen und so weiter. Ihr kommt aber nur deshalb zum gleichen Ergebnis, weil eine Bilderflut die immer gleichen Frauen zeigt – mal als Werbedekoration für ein Parfüm, ein Auto, einen Kühlschrank, eine Abführpille, mal für

Slipeinlagen, Brillen, Banken oder Bodenmopps. Damit's jede begreift – das ist schön. Dir wird eingeredet: Wenn du so bist, dann fällt dir alles andere in den Schoß. Da Ideal aber Vollkommenheit bedeutet, gehört zur Schönheit auch die Unzufriedenheit. Und so ist es offenbar ganz normal, dass Mädchen ewig mit ihrem Aussehen unzufrieden sind, ständig an sich herummäkeln und immerfort damit beschäftigt sind, besser auszusehen. Welch eine Energieverschwendung!

Dämliche Sprüche

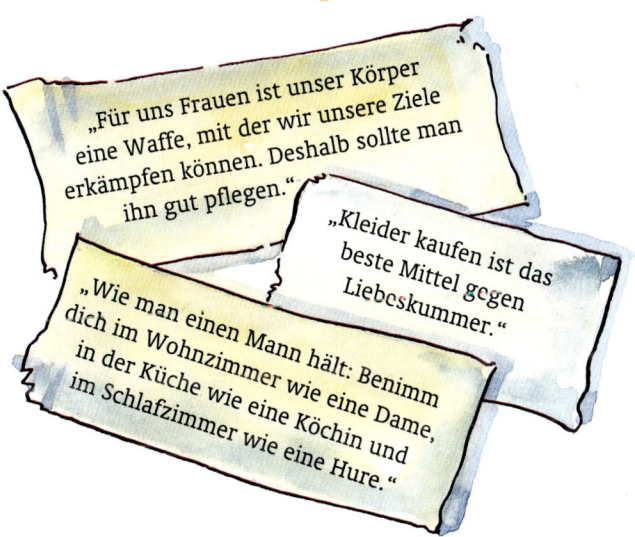

„Für uns Frauen ist unser Körper eine Waffe, mit der wir unsere Ziele erkämpfen können. Deshalb sollte man ihn gut pflegen."

„Kleider kaufen ist das beste Mittel gegen Liebeskummer."

„Wie man einen Mann hält: Benimm dich im Wohnzimmer wie eine Dame, in der Küche wie eine Köchin und im Schlafzimmer wie eine Hure."

Schönheit beschreibt aber nicht nur Äußeres. Der Schönheitswahn schreibt nämlich auch vor, wie du dich verhalten und wie du sein sollst: clever, aber nicht

raffiniert, selbstbewusst, aber nicht ein-
gebildet, happy, aber nicht oberflächlich,
immer gut drauf, aber nicht seicht,
immer im Trend, aber kein Modeäffchen,
attraktiv, aber nicht aufreizend, gescheit,
aber keine Streberin, pfiffig, aber nicht
durchtrieben – easy, happy, trendy. Und
gerade so fühlst du dich eben nicht
immer.

Lust und Last

Dabei kann Schönsein eine richtige Lust
sein. Kleidung, Schminke, Frisur – das
können Stimmungsbarometer sein. Bist
du gut drauf, dann hast du Spaß daran,
dich mit Klamotten zu verwandeln und
mit Farbe zu experimentieren. Bist du
schlecht drauf, mummelst du dich vielleicht in einen weiten Schlabberpulli und
Schlumperhosen. Die Lust wird dann
lästig, wenn Schönheit zum Zwang wird.
Wenn du ohne Schminke nicht mehr aus
dem Haus gehen kannst, weil du dich
nackt fühlst. Wenn du den Dreisatz
vergisst, aber die Kalorien von Knäcke-
broten und Gurkenscheiben immer parat
hast. Wenn du gern Aerobic machen
würdest, aber fürchtest, im Gymnastik-
anzug eine schlechte Figur zu machen.
Das alles hat mit Lust am Verwandeln
und Ausprobieren nichts mehr zu tun.

Das Mädchen im Spiegel

Schau noch mal in den Spiegel.
Wer guckt dich an? Ein Mädchen,
das sauer ist, wenn man es verletzt, und
wütend, wenn jemand ungerecht behandelt wird, das sich nicht auf Kosten anderer einen Vorteil verschaffen will, hin und
wieder rot wird und manchmal zu nichts
Lust hat. Was findest du toll an dir? Lass
dir mal alles durch den Kopf gehen, was
dir einfällt. „Ich finde es klasse, dass ich
mich durchbeiße, wenn ich mir was in
den Kopf gesetzt habe." „Ich kann prima
Aufsätze schreiben." „Ich lasse meine
Freundin nicht hängen, auch wenn ich
mich verliebt habe." Deine Liste ist lang,
wetten? Du hast bestimmt nicht nur eine
ganze Menge Wünsche für dein Leben,
sondern auch Erwartungen, wie du
behandelt werden möchtest. Du willst
respektiert, geachtet und gehört werden.
Du willst, dass dich andere wahrnehmen
und schätzen. Volle Lippen, straffer
Busen, knackiger Po und verführerischer
Augenaufschlag werden Frauen jedenfalls
nicht das Selbstbewusstsein geben, das
sie brauchen, um als eigenständige Menschen behandelt zu werden – und eben
nicht als Anhängsel oder Dekoration.

ERWACHSEN-WERDEN EINE NEUE WELT

„Pubertät", steht im Lexikon, „ist eine Phase sozialer und psychischer Unausgeglichenheit". Herzlichen Dank.

Nächster Versuch: „In der Pubertät bilden sich vermehrt Geschlechtshormone." Wen juckt das? Die sollen machen, was sie wollen.

„Pubertät ist, wenn du deine Sexualität entdeckst." Hört sich schon besser an. Du fühlst dich wie der weibliche Christoph Kolumbus, der – im festen Glauben, Indien anzusteuern – in Amerika landete. Doch so wie Amerika längst existierte, bevor die spanische Flagge gehisst wurde, gab's auch deine Sexualität schon vorher. Aber jetzt wird die Lust größer.

Pubertät ist eher wie ein Rummelplatz. Du steigst mit flauem Gefühl in die Achterbahn, wirbelst kreischend durch die Luft und hoffst, irgendwann wieder festen Boden zu spüren.

Der Übergang vom Kindsein zum Erwachsenwerden geht natürlich nicht so schnell wie eine Achterbahnfahrt. Es ist die Zeit deiner ersten Liebeserfahrungen, in der du überrascht-erfreut-verdutzt entdeckst, dass du unbändig Lust hast – auf Zärtlichkeit und Berührungen, auf deinen Körper und auf den eines anderen. Eine Zeit, in der sich dein Körper innerlich und äußerlich verändert, in der du Kämpfe mit deinen Eltern austrägst und sich in dir eine neue Stärke entwickelt. Was macht dich aus? Als Mädchen, als Freundin, als Tochter. Eine neue Zeitrechnung beginnt.

Wenn Eltern plötzlich schwierig werden ...

Nicki biss sich auf die Zunge. Mama-Controletti. Beinahe wäre es ihr herausgerutscht. Das war zwar nicht liebenswürdig, aber passend. Mama-Controletti spionierte. Bohrte. Fragte. Wie war's in der Schule? Willst du was essen? Gehst du in die Stadt? Das war ja wie bei einem Verhör. Meist knallte Nicki dann wortlos ihre Tür zu. Natürlich nicht, ohne Mamas Seufzer und dieses neue Hasswort zu hören: Pubertät. Das klang wie eine unerforschte Krankheit.

forschte Krankheit. Bedeutete aber nichts anderes, als dass Mama neuerdings ihre Nase ständig in Nickis Angelegenheiten steckte.

„Hast du den M. wieder gesehen?" Dieses hinterlistige Aushorchen. Nicki hätte sich in den Hintern beißen können, weil sie Mama neulich von M. erzählt hatte. M. – seinen vollen Namen sprach Nicki nie laut aus. M. war unbeschreiblich. So

unbeschreiblich, dass sie in ihr Tagebuch nur Sternchen, Blitze und Herzen malen konnte. Mama-Controletti wollte natürlich alles ganz genau wissen. Sie erzählte Nicki sogar, wie sie damals Papa kennen gelernt hatte. Sozusagen als Vorlage, damit Nicki auch mit der Sprache herausrückte. Aber der Trick funktionierte nicht. Nicki wollte gerade zur Tür rausschlüpfen. Zu spät.

„Wo willst du hin?"
Allein dieses Verhörgesicht!
„Spazieren." Ein Wort musste genügen.
„Spazieren? Duuuu? Warte, ich komme mit." Mama hatte ganz sicher eine Schraube locker. Oder kam in die Wechseljahre. Konnte Nicki jetzt nicht mal mehr an die frische Luft gehen, ohne dass Mama-Controletti sie verfolgte?
„Ich mach doch keinen Familienausflug im Rudel." Nicki setzte demonstrativ ihren Walkman auf.

Na ja, lange konnte das nicht mehr dauern. Auch die Pubertät ist einmal zu Ende, tröstete sich Nicki. So lange musste sie allerdings noch durchhalten.

PUBERTÄT IST ...

... NIE **UNGESTÖRT** ZU SEIN,
WENN DU ES GERADE MÖCHTEST.

... wenn du erst mit Barbie-Puppen spielst und dann den neuen Lippenstift testest, aber niemals mehr Barbie den Mund rot anmalen würdest.

... wenn überall dort Härchen wachsen, wo sie deiner Meinung nach nicht hingehören.

... wenn dich dein Vater nicht mehr am ganzen Körper durchkitzelt.

... wenn du beim Duschen nach dem Sport mal peilst, wie viele Schamhaare deine Freundin hat und ob ihr Busen größer ist.

... wenn Eltern von den wirklich wichtigen Dingen im Leben keine Ahnung haben.

... wenn du deine Oberschenkel zu dick findest.

... wenn es in deinem Bauch kitzelt, weil du den Traumtyp schlechthin gesehen hast.

... wenn du mit deinen Eltern um jede Viertelstunde feilschst, die du länger wegbleiben kannst.

... wenn du Knuddelgefühle bekommst und manchmal Kuddel-Muddel-Gefühle.

NEUE ZEIT-RECHNUNG

Du siehst: alles völlig normal. Pubertät beginnt nicht mit einem plötzlichen Pistolenschuss wie beim Wettrennen: Auf die Plätze, fertig, los! Erwachsen ist, wer als Erste durchs Ziel geht.

Du schenkst deinem Körper jetzt mehr Aufmerksamkeit, bist aber auch kritischer mit ihm. Vielleicht bist du stolz, dass dein Busen wächst, aber auch missmutig, dass deine Formen rundlicher werden.

Forscherdrang

Mit drei Jahren hast du vermutlich dagesessen und über deinen kleinen Kugelbauch hinweg gründlich erforscht, aus welcher Öffnung „Pipi" und „Kacka" rauskommen. Du hast mit dem Finger nachgeschaut und warst äußerst zufrieden mit deinen Entdeckungen. Wenn du Glück hattest, hat dich niemand dabei gestört, wenn du mit dir gespielt und dich erkundet hast. Du wusstest, dass Jungs einen „Zipfel" haben und Mädchen, tja, was denn? Eine Schnecke, eine Muschi – welchen Namen auch immer deine Eltern deiner Scheide gegeben haben. Sie namenlos zu lassen, verschämt als „da unten" oder „zwischen den Beinen" zu bezeichnen, macht Mädchen lediglich selbst verschämt.

Mit dreieinhalb Jahren hast du deiner Mutter stolz erzählt, dass du auch bald so eine Brust hast wie sie. Du bist in ihren Schuhen über den Teppich gestakst, hast ihr Bikinioberteil knapp oberhalb deines Nabels zugebunden und großzügig ihren Lippenstift auf deinem Mund verteilt. Du bist gerannt, hast gehauen, mit Schimpfworten um dich geworfen, Burgen gebaut und Puppen schlafen gelegt. Wenn dich jemand fälschlicherweise als Junge bezeichnet hat, hast du ihn belustigt zurechtgewiesen und über seine Unwissenheit den Kopf geschüttelt – „schon so groß und keine Ahnung".

Mein Körper gehört mir

Dein Körper war schön und gehörte dir. Wenn du gewachsen bist, ist das anerkennend registriert worden. Deine Beine waren flink, du bist schneller gelaufen als gleichaltrige Jungs. Deine Arme wurden kräftig, und bald konntest du dich zwischen den Holmen eines Barren entlanghangeln.

Und jetzt? Jetzt soll auf einmal all das, was so prima zusammenpasste, nicht mehr stimmen?

Zu dick, zu dünn, zu behaart, zu wenig, zu viel, zu kurz, zu lang – das kann ja wohl nicht sein. Dein Körper verändert sich so, wie er es früher schon getan hat. Aus dem Buddha-Baby ist ein Kleinkind gewachsen, aus dem Kleinkind ein Schulkind, aus dem Schulkind ein Teenager. Wenn dich aber so viele fremde Blicke treffen, die dich abschätzig begutachten oder beurteilen, ist es kein Wunder, wenn du dich nicht mehr wohl in deiner Haut fühlst (siehe Seite 12). Wer sich obendrein noch eine verächtliche oder anzügliche Bemerkung anhören muss, schrumpft innerlich zusammen. Das verletzt.

Okay, dein Körper verändert sich und noch weißt du nicht, wie groß dein Busen mal sein wird, ob dein Bauch ein kugeliger wird oder ein flacher, die Beine kräftig oder nicht. Bauch, Busen und Beine – da war doch noch was?

Was ist los mit mir?

Manchmal ist es richtig zum Aus-der-Haut-Fahren. Du verstehst dich selbst nicht mehr. Bist mürrisch und brummig, schnell gekränkt und auch wirklich verletzt. Mauselöcher und Schneckenhäuser zum Verstecken und Reinkriechen wären dir jetzt am allerliebsten. Dann hast du plötzlich wieder Phasen von absoluter Hochstimmung und könntest vor Freude auf einem Bein durch die Gegend hüpfen.

*B*lättere mal zu Hause in Zeitschriften, Büchern und Alben und suche dir ein Mädchen heraus. Keine Prominente, über die du schon eine Menge gelesen hast, sondern ein Mädchen, das du gern sein möchtest. Schau dir das Bild an und schneidere ihr ein Leben auf den Leib. Was macht sie in ihrer Freizeit? Hat sie einen Freund? Wo hat sie ihn kennen gelernt? Wie geht's ihr in der Schule? Was macht sie gern? Worüber freut sie sich und worüber ärgert sie sich? Was kann sie an Jungs nicht leiden? Was findet sie an ihrer Freundin toll? Was macht ihr am meisten Probleme? Was fällt ihr sehr leicht? Was schätzen ihre Eltern, Lehrer, Bekannte und Freunde an ihr? Was wird sie in zehn Jahren machen?
Jetzt hast du eine ganze Menge in das Foto hineinfantasiert. Vermutlich steckt viel von dir selbst darin – ob Wünsche oder Wirklichkeit.

Wie peinlich!

Außerdem ist dir alles peinlich. Es ist dir peinlich, wenn deine Mutter irgendwelches Zeug über dich rumerzählt. Es ist dir peinlich, wenn du vor Besuch gefragt wirst, warum du so still bist. Es ist dir peinlich, wenn du das Gefühl hast, dass keinen interessiert, was du gerade erzählst.
Du kannst stundenlang auf deinem Bett liegen oder nur aus dem Fenster starren, Musik hören und vor dich hinträumen, ohne Ziel und ohne Ende. Unbestimmt traurig zu sein, kennst du bestimmt auch. Weltschmerz, sagen Erwachsene dazu. Das klingt etwas verächtlich. Dabei machen sich gerade Jugendliche viele Gedanken über den Sinn des Lebens. Warum bin ich hier? Wozu ist das alles

gut? In dieser Stimmung entstehen traurige Gedichte oder landen schwermütige Liedzeilen in deinem Schulheft.

Telefonitis

Wortkarg? Ja und nein. Gegenüber deinen Eltern können schon mal ein paar Wortfetzen reichen, aber bei deinen Freundinnen bist du alles andere als sprachlos. Und wer kennt das nicht: Die Mutter schüttelt verständnislos den Kopf, wenn du sofort zum Telefonhörer greifst, um deine beste Freundin anzurufen, von der du dich gerade auf dem Heimweg verabschiedet hast. „Soo wichtig kann das ja wohl nicht sein", sagt sie. Doch, es ist wichtig. Und vor allem: Du brauchst keine Mithörer, keinen, der wie zufällig ins

Zimmer stapft. Deshalb zerrst du ja die Telefonschnur bis ins nächste Zimmer und klemmst dich samt Hörer knapp neben den Türrahmen. Außerdem zweifelst du daran, dass deine Eltern immer total bedeutungsvolle Dinge bereden, wenn sie mit Freunden zusammensitzen und sich das zigste Mal was von früher erzählen. Es ist völlig normal, dass du deine Eltern als Gesprächspartner für Wichtiges und Unwichtiges zunehmend gegen deine Freundinnen austauschst.

Ein Sprung nach vorn

Doch ein Umbruch kann auch einen Schritt weiterbringen. Auch wenn du vielleicht nicht weißt, wohin dich dieses Himmelhoch-jauchzend und Zu-Tode-betrübt führen wird. Traurigkeit, das Gefühl, sich einsam zu fühlen und von niemandem verstanden zu werden, ist nicht ungewöhnlich. Es gehört dazu, wenn sich deine Seele ebenso wie dein Körper strecken.
Vielleicht wirst du jetzt auch viel mehr in die Verantwortung genommen, und deine Mutter vertraut dir an, dass es zwischen ihr und deinem Vater kriselt. Einerseits macht es dich stolz, dass sie dich einweiht und für erwachsen genug hält, ihr zur Seite zu stehen. Andererseits drückt dich die Last, und du würdest am liebsten wie deine kleine Schwester sorglos mit dem Teddy im Arm einschlummern.
Das ist auch Erwachsenwerden: Kriege und Ausländerhass, Arbeitslosigkeit und Ausbeutung, Ozonloch und Umweltverschmutzung. Du lässt dich nicht mehr mit einfachen Erklärungen abspeisen, aber – leider – auch nicht mehr so leicht trösten und beruhigen.

Nicht immer sind's Hormone

Fast allen Mädchen in deinem Alter geht es ähnlich. Bei manchen ist das Gefühl, nicht genau zu wissen, wohin man gehört, stärker, bei anderen schwächer. Einige fechten regelrechte Kämpfe mit ihren Eltern aus, andere ziehen in ruhigeren Bahnen. Früher hat man geglaubt, die Hormone seien schuld, die mal steigend, mal fallend Mädchen und Jungs in ein regelrechtes Gefühlschaos stürzen. Heute weiß man, dass auch andere Dinge eine Rolle spielen. Zum Beispiel, wie versucht wird, dich in ein bestimmtes Schema (z. B. die strebsame Schülerin oder das folgsame Mädchen) zu pressen.

Ein Recht auf schlechte Laune

Vielleicht findest du nicht die richtigen Worte für deine Empfindungen. Oder du genierst dich, darüber zu reden. Auch okay. Es kann von niemandem verlangt werden, sein Innerstes nach außen zu stülpen. Möglicherweise hilft es dir, in ein Tagebuch zu schreiben. Da schaut keiner mit prüfendem Blick drüber, da lacht keiner. Eine gute Idee ist es, mal mit deiner Freundin zu reden. Du wirst verblüfft feststellen, dass sie ähnlichen Zoff mit ihren Eltern hat.

Paula, 13: Mich regt alles auf, jede Kleinigkeit. Selbst wenn mich meine Freundin fragt, was los ist, schnauze ich sie an. Meist ist gar nichts, ich hab bloß schlechte Laune.

Schlechte Laune zu haben, ist okay. Auch Erwachsene sind nicht immer bester Stimmung. Sich zurückzuziehen – Tür zu – Ruhe –, ist in Ordnung. Das geht allen so. Hör deine Lieblingsmusik, träume, heule, lache oder starr einfach vor dich hin. Auch wenn deine Eltern noch so sehr mosern, dass du faul bist oder zu nichts Lust hast. Vielleicht taugen nur einfach die Aktivitäten nicht mehr, die du früher mochtest. Wenn du wieder unter Leute gehen magst, dann triff dich mit deinen Freundinnen. Geh dorthin, wo andere Jugendliche in deinem Alter sind. Das kann ein Jugendcafé sein, der Reiterhof, der Sportverein oder ein Jugendzentrum.

21

Jugend experimentiert

Auf der Suche zu sein, heißt manchmal zu verharren und zu überlegen, welcher Weg der richtige ist. Auf der Suche – das heißt aber auch, experimentieren zu können. Du kannst hemmungslos ausprobieren – ob aufmüpfig oder cool, ob anschmiegsam oder verträumt, ob skeptisch oder draufgängerisch. (Erwachsene werden eh nur resigniert mit den Schultern zucken.) Du kannst deine Rollen wechseln wie Klamotten, sie kombinieren und austauschen, anziehen und wieder abstreifen. In der Schule die Komikerin und daheim die Philosophin, in der Schule mal lässig eine freche Antwort geben und sich beim Training ehrgeizigverbissen ins Zeug legen. Mal Vamp, mal Girlie, mal Mädchen in Rüschchen und Blümchen, mal junge Lady – alles erlaubt. Wann hast du sonst noch einmal die Chance, so widersprüchlich zu sein?

Doro, 17: Ich hatte mal vom Bleistifttest gelesen. Also: Einen Bleistift unter den Busen klemmen, und wenn er hängen bleibt, hast du einen Hängebusen. Heute kann ich über den Quatsch nur lachen.

Was sich körperlich verändert

Zunächst einmal: Du bist den Jungs um etwa zwei Jahre voraus. Bis sich bei ihnen äußerlich etwas ändert (das wirst du vermutlich nicht sehen, nämlich die Haare um die Hoden und den Penis), hat sich bei dir schon einiges getan.

Du wächst. Allerdings nicht gleichmäßig. Manche Körperregionen wachsen den anderen voraus. Das macht auch oft den schlaksigen Eindruck. Dein Becken wird breiter und unter der Haut bildet sich eine Fettschicht. Es kann sein, dass du insgesamt weichere, rundere Formen bekommst.

Der Busen

Viel interessanter: Die Haut um deine Brustwarzen wird ein bisschen größer, fester und dunkler. Ob rosa oder dunkelbraun – das hängt mit deinen Hautpigmenten zusammen. Bei manchen Mädchen gucken die Brustwarzen vorwitzig hervor, bei anderen schmiegen sie sich an oder sind ganz versunken (Schlupfwarzen). Aber sensibel sind sie immer. Wenn dir etwas sehr Lust macht oder dich vor Kälte zusammenschnurren lässt, richten sie sich auf.

Jetzt wartest du wahrscheinlich schon gespannt, wann auch dein Busen größer wird. Das geht allmählich. Deine Brust besteht aus Fettgewebe und Milchdrüsen. Die Entwicklung regt das weibliche Hormon Östrogen an. Beeinflussen kannst du das Wachstum aber nicht – genauso wenig wie die Größe. Das ist erblich bedingt. Auch wenn dir dein Busen nicht gefällt, sprich: wenn er dir zu klein oder zu groß ist – die Größe hat nichts mit deiner Empfindungsfähigkeit zu tun. Denn: Feinfühlig ist der Busen immer. Manchmal kann es sein, dass die eine Brust flinker ist als die andere, das muss dich nicht beunruhigen, die andere zieht bald nach. Aber auch erwachsene Frauen haben nicht völlig identische Brüste. Vielleicht ist dein Busen jetzt sehr empfindlich, es tut weh, sich daran zu stoßen, auch das ist normal.

Härchen und Haare

Fast gleichzeitig sprießen erste Härchen auf dem Schambein, genauer an den äußeren Schamlippen (Was heißt hier schämen? Manchmal heißen sie auch Venuslippen.), die sich später locken. Du entdeckst immer mehr, bis dein Dreieck ganz gekräuselt ist. Die Haare machen sich auf bis zu deiner Pofalte und in Richtung Oberschenkel oder Nabel. Die Schamhaare sind nicht so fein wie deine Kopfhaare und dunkler. Bist du blond oder rothaarig, können auch die Schamhaare hell oder rötlich sein. Unter den Achseln und an den Beinen wachsen ebenfalls Haare.

Empfindlich und sensibel

Die großen (Venus-)Lippen wachsen ebenfalls und verhüllen die kleinen. (Auch hier gibt es vorwitzige, die herauslugen.) Die kleinen Venuslippen sind sehr sensibel. Wenn sie berührt werden, machen sie sich größer und werden dunkler. Am oberen Ende bedecken sie einen kleinen Knubbel: Klitoris, Kitzler oder Perle. Für deine Lust der wichtigste Körperteil. Denn die Klitoris ist für nichts anderes da als für deine Lust. Eine Haut bedeckt sie, weil sie sehr empfindlich ist, wenn sie direkt berührt wird.

Sie hat ganz viele Nervenzellen. Wenn du Lust hast und erregt bist, reckt sich auch der Kitzler. Welche Berührung du schön findest, dafür gibt's kein Patentrezept und keine Anleitung. Wenn du magst, kannst du einen Handspiegel nehmen, vorsichtig die Venuslippen öffnen und dich betrachten – oder einfach mit dem Finger tasten. Dein Körper wird auf angenehme Berührungen reagieren.

Unterhalb der Klitoris ist eine kleine Öffnung für den Harn, darunter befindet sich die Scheidenöffnung. Sie ist bedeckt vom Jungfernhäutchen, aber nicht vollständig, damit das Menstruationsblut ungehindert herausfließen kann (siehe Seite 127).
Die Stelle zwischen deiner Scheide und deinem After nennt man Damm.

Was man nicht sehen kann

Die inneren Geschlechtsorgane bestehen aus der Scheide (Vagina), der Gebärmutter und den beiden Eileitern und Eierstöcken. Das alles ist schon da, wenn du auf die Welt kommst. Jetzt wachsen deine inneren Geschlechtsorgane.

ter. Aber keine Angst, die Öffnung ist so klein, dass ein Tampon nicht hindurchschlüpfen kann. (Für männliche Samen ist sie allerdings groß genug.) Während der Monatsblutung ist der Gebärmuttermund etwas weiter geöffnet, und richtig stark dehnen wird er sich, wenn du ein Kind bekommst.

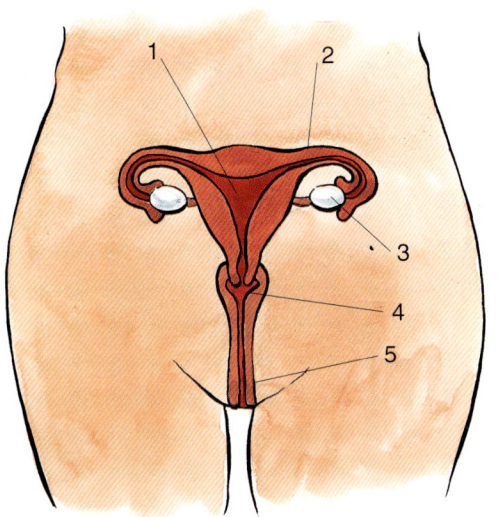

1 Gebärmutter
2 Eileiter
3 Eierstock
4 Muttermund
5 Scheide
6 After
7 Harnblase
8 Harnröhre
9 Kitzler
10 Innere Schamlippen
11 Äußere Schamlippen

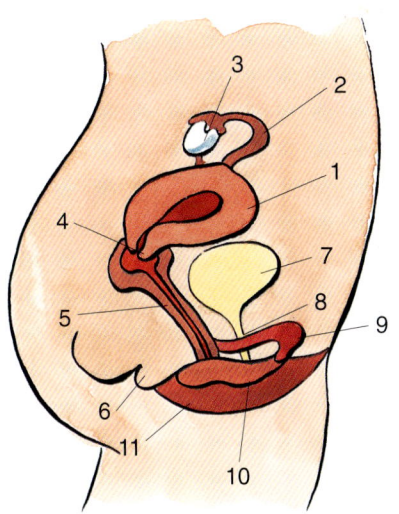

Balle mal deine Faust – so groß ist in etwa deine Gebärmutter. Sie hat Wände aus starken Muskeln und sitzt zwischen der Blase und dem Darm. Ein bisschen hat sie die Form einer Birne, wobei das schmale Ende in die Scheide reicht. Der unterste Teil der Gebärmutter ist der Muttermund, der sich anfühlt wie eine Nasenspitze oder eine Kirsche und ein Grübchen hat, die Öffnung zur Gebärmut-

Als du geboren wurdest, enthielten deine Eierstöcke bereits 400 000 Eier. Etwa 400 davon kommen im Laufe deines Lebens zur vollen Reife. Etwa ab dem zehnten, elften Lebensjahr reift jeden Monat ein Ei heran, der Körper richtet sich also theoretisch auf eine Schwangerschaft ein. Du kannst dir ganz leicht ausrechnen, wie lange du Kinder bekommen könntest.

Jeden Monat eine Reise

Noch dösen die Eizellen seelenruhig im Eierstock vor sich hin. Schön eingepackt in ein Bläschen (Follikel). Aber bald ist es aus mit der Ruhe. In der Pubertät kommen manche Hormone auf Hochtouren. Hormone sind Wirkstoffe, die in einer Drüse gebildet werden. Solche Drüsen sind beispielsweise die Schilddrüse, die Nebennieren und auch die Eierstöcke – die produzieren die Geschlechts-(Sexual)hormone: Östrogen und Gestagen. Aber keine Produktion ohne Befehl. Der kommt von oben: von der Hirnanhangdrüse oder Hypophyse (die zwischen den Augen sitzt). Die Hirnanhangdrüse gibt jetzt ein Signal an die Eierstöcke: Los geht's. Einige Eizellen reifen heran, meist wird aber nur ein Ei wirklich reif. Gleichzeitig sorgen Hormone (Östrogen) dafür, dass die Gebärmutterschleimhaut dicker und stark durchblutet wird. Ausgereift – das Ei kann's kaum erwarten, die ganze Reiferei hat schließlich über zehn Tage gedauert. Blubb – es bricht aus seiner Schutzhülle aus und landet zielsicher an den Fangarmen des Eileiters. Das ist der Eisprung, den manche Mädchen spüren – es ziept. Jetzt startet wieder ein Hormon: Progesteron (ein Gestagen) macht die Gebärmutterschleimhaut weich und aufnahmefähig. Im Eileiter guckt sich das Ei erst mal um.

Keiner da?

Nein, kein Samen weit und breit in Sicht. Keine Befruchtung – auch gut. Das Ei löst sich auf. Jetzt haben es auch die Hormone kapiert. Ihre Signale werden immer schwächer. Die oberen Schichten der Gebärmutterschleimhaut, die sich zuvor noch aufgebaut haben, lösen sich ab – die Menstruation (Monatsblutung, Regel, Periode, die Tage) setzt ein. Weil sich dabei vorübergehend einige Blutge-

fäße geöffnet haben, kommt die Schleimhaut mit Blut heraus. Halbe – halbe, also die Hälfte Blut und die andere Hälfte kleine Klümpchen und verflüssigte Schleimhaut. Insgesamt aber nicht mehr als etwa 100 Milliliter, das ist eine halbe Tasse voll.

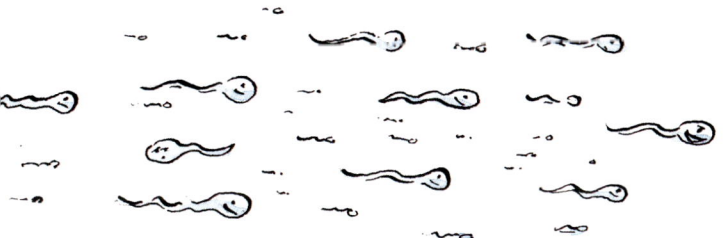

Doch einer da?

Wenn du mit einem Jungen geschlafen hast, ohne zu verhüten, macht sich ein ganzer Schwarm Samen auf den Weg. (Es sind deshalb so viele, weil sich etliche unterwegs verirren oder erschöpft auf der Strecke bleiben. Richtig landen wird später nur ein einziger – wenn überhaupt.) Erst flitzen sie durch die Scheide (und dort müssen sie sich ganz schön sputen, weil ihnen das Klima nicht bekommt), dann witschen sie durch die Öffnung des Muttermundes in die Gebärmutter bis zu den Eileitern. Jetzt können sie sich etwas Zeit lassen. In den Eileitern überleben Spermien mehrere Tage. Ist das reife Ei gerade auf dem Eileiter gelandet, dann treffen sich Ei und Samen und haben nichts anderes im Sinn, als sich zusammenzutun. Sie verschmelzen miteinander – die Befruchtung oder Empfängnis. Gemeinsam ziehen sie weiter. Vier bis fünf Tage später: Das befruchtete Ei ist in der Gebärmutter gelandet. Dort setzt es sich in der inneren Wand fest, es setzt sich sozusagen ins gemachte Nest (einnisten). Die Gebärmutterschleimhaut ist ja schon vorbereitet. Neun Monate lang wächst das befruchtete Ei zu einem Baby heran. Jetzt löst sich auch die Schleimhaut nicht ab – deshalb bleibt die Regel aus.

DER MENSTRUATIONS-ZYKLUS

Der erste Tag deiner Monatsblutung ist der Tag 1. Die Menstruation dauert zwischen drei und fünf Tagen, und danach geht's wieder von vorn los: Befehl an die Eierstöcke, Eireifung, blubb und so weiter. Der Zyklus – das ist also die Zeit vom ersten Tag deiner Blutung bis zum ersten Tag der nächsten Blutung – dauert ungefähr 28 Tage. Theoretisch. Bei den meisten Frauen liegt der Zyklus zwischen 21 und 37, 38 Tagen. Irgendwo dazwischen wird sich auch dein Zyklus einpendeln. In den ersten Monaten ist deine Periode meist noch unregelmäßig. Sie kann auch mal einen Monat oder länger ausbleiben. Viele Mädchen bekommen ihre erste Regel zwischen zehn und 14 Jahren, manche schon mit neun, andere erst mit 15. Kein Grund zur Sorge. Manchmal reagiert dein Körper aber auch auf Außergewöhnliches, in-dem die Periode ausbleibt. Magersüchtige hungern derart, dass ihre Monatsblutung wegbleibt. Bei Leistungssportlerinnen kann sich die erste Blutung verzögern. Wenn du starken Belastungen ausgesetzt oder auf Reisen bist, kann die Menstruation ebenfalls auf sich warten lassen. Es kann aber auch sein, dass du schwanger bist. Nämlich dann, wenn du ohne Verhütungsmittel (siehe Seite 95) mit einem Jungen geschlafen hast.

Feiern oder schweigen?

Die Monatsblutung wird oft als der Beginn der Pubertät bezeichnet: Du bist geschlechtsreif oder fortpflanzungsfähig, könntest also ein Kind bekommen. „Welch ein Unsinn", sagst du jetzt. Du denkst weder daran, mit einem Jungen zu schlafen, geschweige denn, ein Kind zu kriegen. Das ist für dich ebenso weit entfernt wie der Platz im Altenheim. Und unwirsch packst du eine Binde in deinen Slip. Du bist sauer auf deinen Körper, der nicht mehr in die schmale Jeans passt und jetzt auch noch blutet.

Chiara, 17: Am Anfang ging's mir wie vielen anderen auch. Ich fühlte mich irgendwie zu jung dafür. Inzwischen empfinde ich meine Periode als etwas, das zu mir gehört.

Frau werden

Auch wenn du wusstest, dass die Monatsblutung irgendwann kommt – überrascht
bist du doch. Wenn dein Busen wächst,
hast du aber nicht im Kopf: „Prima, damit
kann ich ein Baby ernähren." Sondern du
freust dich, weil der Busen ein Symbol
fürs Frausein ist. So ist es auch mit deiner
Monatsblutung. Auch wenn du sie jetzt
nur als lästige Schikane der Natur be-
greifst, sie ist ein Zeichen für dein Frauwerden.

Weil's den Pubertäts-Startschuss aber
nicht gibt, sondern bis zu deiner ersten
Regel schon ganz viel passiert ist, was
mindestens ebenso spannend ist, kannst
du die erste Monatsblutung getrost als
eines von vielen wichtigen Ereignissen
betrachten. Während der Busen aber allmählich wächst, ist die erste Periode ein
Zeichen, das du mit Datum und Uhrzeit
festhalten könntest. Deshalb teilen sich
Mädchen auch oft in die auf, die „sie"
schon haben und die anderen, die noch
darauf warten. Voller Stolz tuscheln sie
über ihre Periode (aber noch laut genug,
dass es jeder mitkriegt), fischen sich
demonstrativ einen Tampon aus der
Tasche, tja, und haben nur mitleidige
Blicke für jene übrig, die in den Kreis der
Erlauchten noch nicht aufgenommen
werden können.

Johanna, 16: Wir sind drei Mädchen zu Hause. Jedes Mal, wenn eine von uns zum ersten Mal ihre Tage bekam, war Frauentag bei uns. Wir sind zusammen losgezogen und haben etwas unternommen, unsere Mutter und wir drei.

Gefühle

Wie du dich dabei fühlst, wenn du den
ersten roten oder bräunlichen Fleck in
deinem Slip entdeckst, kann auch davon
abhängen, wie mit der Monatsblutung in
deiner Familie umgegangen wird. Ob's
selbstverständlich war, dass sich deine
Mutter in deinem Beisein den Tampon
wechselte, ob sie dich darauf vorbereitete
oder genervt mit „jetzt geht das schon
los" reagierte.

Mädchen verhalten sich unterschiedlich.
Manche erzählen gern, dass sie – endlich
– ihre Monatsblutung haben, andere
genieren sich. Es ist okay. Vielleicht findest du es toll, dass deine Mutter und du
zur Feier des Tages essen geht, vielleicht
findest du es nur peinlich. Vielleicht
magst du es auch nicht, dass sie es gleich
deinem Vater erzählt.

Paula, 13: Also ich find's nicht toll. Neulich hat meine Freundin durch die ganze Klasse geschrien: „He, du hast ja Binden in der Tasche." Das war mir vielleicht peinlich.

Toben oder schonen?

Manche Mädchen spüren gar keine Veränderung, andere merken schon ein paar Tage zuvor, dass die Periode bald kommt: ein paar Pickel mehr, ein bisschen gereizter, Kopfschmerzen oder Spannungsgefühle in der Brust. Andere haben vor ihrer Periode eine Phase von besonders viel Schwung. Vieles geht ihnen leichter von der Hand, sie könnten Bäume ausreißen. Während der Monatsblutung kann es manchmal zu Krämpfen kommen oder es zieht im unteren Drittel des Rückens. Das liegt daran, dass sich deine Gebärmutter abwechselnd zusammenzieht und entspannt, um die Schleimhaut auszustoßen. Vielleicht hast du trotz Menstruation keinen Eisprung. Dann fehlt das Hormon, das die Gebärmutterschleimhaut weich und locker macht. Stattdessen ist sie zäh, und die Gebärmutter muss etwas schuften, um die Schleimhaut zu lösen. Das macht dann starke Schmerzen. Hat sich dein Hormonhaushalt eingependelt, und du hast regelmäßig einen Eisprung, sind deine Blutungen auch nicht mehr so stark und schmerzhaft.

Hilfe gegen die Schmerzen

Um herauszufinden, was dir gegen die Schmerzen hilft, musst du ein wenig rumprobieren. Jeden Monat eine Schmerztablette zu nehmen ist jedenfalls keine gute Idee. Das sind nämlich bei 40 Jahren Fruchtbarkeit fast 500 Tabletten.

Manchen Mädchen tut Bewegung gut, manchen eine Wärmflasche und ab ins Bett. Du kannst auch die beiden Grübchen direkt über den Pomuskeln leicht kreisend mit den Fingerspitzen massieren. Eine halbe Minute massieren, eine halbe Minute Pause und das Ganze drei- bis viermal wiederholen. Manchmal helfen auch Kräutertees (aus der Apotheke).

Ein heißes Bad ist bei starker Blutung nicht empfehlenswert, besser den warmen Duschstrahl auf Bauch und Rücken halten. Hast du das Gefühl, du verlierst zu viel Blut (wenn du mehr als sechs Binden am Tag brauchst), oder die Periode dauert viel zu lang, kannst du dir Rat bei der Frauenärztin oder bei Pro Familia holen (siehe Seite 124).

➡ Ansonsten gilt: Du kannst natürlich alles machen, was du sonst auch tust und was dir gut tut: schwimmen (mit Tampons), turnen, tanzen, mit deinem Freund schlafen (Sex wirkt übrigens sehr entspannend und geht auch prima allein).

Tampons oder Binden

Ob du lieber Tampons oder Binden nimmst, ist deine Sache. Wenn du dich für Binden entscheidest, kauf dir welche ohne Duftstoffe.
Das ist nur Geldmacherei. Menstruationsblut stinkt nicht. Erst wenn es an die Luft kommt, kann es riechen. Dann wechsle einfach die Binde. Binden gibt's mit Klebestreifen, damit sie im Slip nicht verrutschen. Gebrauchte Binden nicht ins Klo werfen, das gibt Verstopfungen.

Die kleinen Wattestifte mit den Bändchen sind bei Mädchen beliebter. Es gibt Minis, die kleinsten, die du auch tragen kannst, wenn du noch nicht mit einem Jungen geschlafen hast. Beim ersten Mal wirst du vermutlich etwas herumexperimentieren müssen, um den Tampon einzuführen. Mach das Plastik ab, nimm das Bändchen und trudel das Ende des Tampons damit auf. So hast du Platz für die Spitze deines Zeigefingers.

Um den Tampon jetzt in die Scheide einzuführen, stellst du am besten ein Bein aufs Klo oder beugst die Knie etwas und streckst den Po raus. Die Scheide verläuft nicht schnurstracks geradeaus, sondern schräg nach hinten. Du kannst mit deinem Finger erst mal tasten, wohin die Reise geht. Wenn du den Tampon spürst, sitzt er nicht richtig. Dann probier's ruhig noch einmal. Keine Angst: Du kannst dich nicht verletzen.

Keiner geht verloren

Den mit Blut voll gesogenen Tampon kannst du am Bändchen wieder heraus-holen. Es verschwindet nicht in dir. Du solltest nur keinen zweiten nachschie-ben.

Tampons saugen Flüssigkeit auf, sie machen aber auch die Scheide trocken und bieten Pilzen und Bakterien damit einen willkommenen Nährboden. Wenn die Blutung schwach ist, oder auch nachts ist es besser, Binden oder Slipeinlagen zu benutzen. Ansonsten solltest du je nach Stärke der Blutung den Tampon alle drei bis sechs Stunden wechseln.

Vielleicht hast du schon gehört, dass Frauen an dem sogenannten Toxic Shock Syndrome erkrankten und einige daran starben (vorrangig in den USA). So richtig ist die Ursache noch nicht geklärt. Aller-dings wurde ein Zusammenhang zwi-schen dieser bakteriellen Infektion und Tampons festgestellt. Die betroffenen Frauen benutzten jedoch Tampons mit Kunstfasern, wohingegen in Deutschland nur solche aus reiner Watte erlaubt sind. Deshalb: in den Urlaub genügend Tam-pons von zu Hause mitnehmen und im Ausland keine Tampons kaufen, von denen du nicht weißt, woraus sie herge-stellt sind.

Mythen über die Monatsblutung und menstruierende Frauen reichen hunderte von Jahren zurück.

TABU

Egal, ob sie sich auf die Bibel bezogen oder auf angebliche medizinische Erkenntnisse: Die menstruierende Frau galt als unrein. Angeblich brachte sie Blumen zum Welken, machte aus Wein Essig, verdarb die Ernte oder verhexte das Vieh. Das Menstrutionsblut wurde als Gift betrachtet. Die Frau schwemmte angeblich unreine Stoffe aus. Versteht sich von selbst, dass Männer mit Frauen in der Zeit keinen Sex wollten.

Es gab aber auch eine Zeit, in der dem Blut Zauberkräfte zugeschrieben wurden: Um einen Mann verliebt zu machen, mussten Mädchen nur ein paar Tropfen ihres Menstruationsblutes in seinen Wein gießen; ein Mann galt als unbesiegbar, wenn er das erste Menstrualblut einer Jungfrau an einem Läppchen auf der bloßen Haut am rechten Arm trug; sogar ganze Liebesbriefe wurden mit Menstruationsblut geschrieben, das sollte auf den Empfänger besonders erotisch wirken.

Noch vor 15 Jahren bekam eine Frau in den USA, die kurz vor ihrer Regel eine Straftat beging, mildernde Umstände. Sie galt während dieser Zeit als nicht voll zurechnungsfähig. Aber das sind nicht nur alte Hüte von vorgestern.

In England wurde Mitte der Neunzigerjahre einer jungen Frau, die sich gegen die sexuelle Belästigung eines Kollegen mit einer kräftigen Ohrfeige zur Wehr gesetzt hatte, Folgendes geraten: Beim Schlichtungsgespräch sollte sie ihre „heftige" Reaktion damit erklären, dass sie menstruierte.

ELTERN IN DER PUBERTÄT

Ob bei euch zu Hause tagelang die Fetzen fliegen, oder ihr euch beharrlich anschweigt und aus dem Weg geht. Ob du viel besser mit dem Vater klarkommst und im Dauerclinch mit deiner Mutter liegst oder auch umgekehrt – das kann in allen Familien vorkommen. Die meisten Eltern sind davon überzeugt, dass mit deinem Erwachsenwerden eine schwere Zeit auf sie

Ina, Mutter einer 15-jährigen Tochter:
Was mir immer wichtig war, ist, dass der Gesprächsfaden zwischen uns nicht abreißt. Ich bohre aber auch nicht nach. Wenn sie meine Hilfe braucht oder meine Meinung hören will, dann kommt sie schon von selbst.

zukommt. Wenn du ihre älteste Tochter bist, betreten auch deine Eltern Neuland. Sie sind verunsichert und pendeln selbst zwischen verschiedenen Gefühlen: Sie sind stolz auf deine wachsende Selbstständigkeit und skeptisch gegenüber deiner festen Überzeugung, alles im Griff zu haben. Sie freuen sich an deinem Selbstbewusstsein und sind stinksauer über die Verachtung, mit der du ihrem Leben begegnest. Sie genießen deine Jugend und spüren gleichzeitig, dass sie selbst

älter geworden sind. Auch wenn sie behaupten, ihr einziges Ziel sei es, dass du nach deiner Fasson glücklich wirst – sie haben zum Teil sehr konkrete Ziele für dich im Blick. Die auch immer mit ihren eigenen Wünschen, Hoffnungen, unerfüllten Träumen und Ängsten zu tun haben.

Vater einer 17-jährigen Tochter:
Ihre Devise hieß : Null Bock. Das Desinteresse allem und jedem gegenüber (außer bei Gleichaltrigen) war schon fast beleidigend. Also, diese Lahmarschigkeit hat mich wirklich aufgeregt. Das hat sich aber gelegt.

Deine Eltern und du: Es raucht und kracht

Nicht selten ist etwas anderes gemeint, als gesagt wird. Da hilft nur eins: Seine Wünsche klar zu formulieren. Keiner kann Gedanken lesen.

Du musst unbedingt mehr für die Schule tun.
(Bei den vielen Arbeitslosen hast du nur mit einem guten Abschluss eine Chance.)

Ich muss einen Haufen Mist lernen, den ich nie wieder brauche.
(Die haben keine Ahnung, was heute verlangt wird.)

In deinem Alter kann ich durchaus von dir verlangen, dass du im Haushalt hilfst.
(Ich lass mich doch von dieser Göre nicht zur Sklavin machen.)

Ich habe gedacht, ich soll mehr für die Schule tun?
(Weil Papa nichts macht, soll ich wohl herhalten.)

Musst du den ganzen Sonntag verpennen?
(Jetzt hätten wir endlich mal die Gelegenheit, etwas zusammen zu unternehmen.)

Wenigstens am Wochenende will ich ausschlafen.
(Diese Hektik führt noch zu 'nem Herzinfarkt.)

Ich will nicht, dass du bei fremden Leuten übernachtest.
(Wer weiß, was dort passiert. Vielleicht sind ältere Jungs da, und dann wird gesoffen – gar nicht auszudenken.)

Aber alle anderen dürfen auch.
(Bist ja nur neidisch.)

Mütter – besser als ihr Ruf

Früher war Pubertät oft gleichzusetzen mit einer harten Auseinandersetzung mit der Mutter, gefolgt von einer schonungslosen Abrechnung. Die Väter blieben deshalb eher verschont, weil sie das Terrain Erziehung großzügig ihren Frauen überließen. „Bloß nicht wie meine Alte" bedeutete, sich hart von der eigenen Mutter abzugrenzen. Nie wollte man sich von 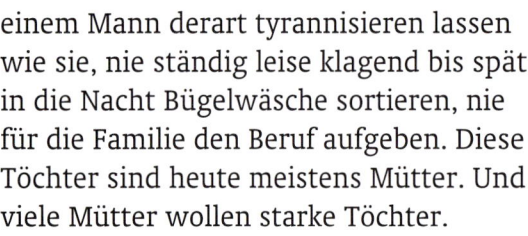 einem Mann derart tyrannisieren lassen wie sie, nie ständig leise klagend bis spät in die Nacht Bügelwäsche sortieren, nie für die Familie den Beruf aufgeben. Diese Töchter sind heute meistens Mütter. Und viele Mütter wollen starke Töchter.

Wie du deine Mutter betrachtest, ob sie  für dich ein Vorbild ist oder ob du sie eher ablehnst, hängt auch damit zusammen, welche Rolle sie als Ehefrau / Geliebte / Mutter / Hausfrau / Berufstätige innehat. Findest du es grauslig,  wie sie sich abschuftet, dass sie sich von ihrem Mann alles gefallen lässt und wie unmöglich sie sich anzieht, dann betrachte auch mal kritisch die Aufgabenteilung zwischen deinen Eltern. Lässt sich dein Vater bedienen? Ist es üblich, dass deine Mutter nach der Arbeit allein den Haushalt zu schmeißen hat, oder langweilt sie ihr Hausfrauendasein? Wenn du den Eindruck hast, deine Mutter ist zufrieden mit ihrem Leben, hat eigene Freunde und Freundinnen, ist aufgeschlossen, interessiert und gibt deinem Vater auch mal Kontra, ist dein Verhältnis zu ihr wahrscheinlich besser.

Starke Mütter – starke Töchter

Sie freut sich daran, dass du deinem Freund den Laufpass gegeben hast, weil er versucht hatte, dich unter Druck zu setzen. Sie ist stolz auf dich, weil du

dich traust, laut deine Meinung zu sagen. Sie unterstützt dich und fördert dich. Prima. Das birgt aber auch Gefahren. Vielleicht überfordert sie dich damit und fühlt sich vor den Kopf gestoßen, wenn du verkündest, dass du nach deiner Berufsausbildung heiraten, Kinder kriegen und Hausfrau sein willst.

Mensch, ist das peinlich!

Du merkst, dass es deiner Mutter peinlich ist, mit dir über Sexualität zu reden. Sie selbst ist in einer Zeit groß geworden,

in der ihr ihre eigene Mutter noch das Bild vermittelt hat, dass ein Mann sein Recht im Bett einfordert, die monatliche Blutung ein lästiges Übel, der erste Besuch beim Frauenarzt ein Horror ist und die Hände gefälligst „da unten zwischen den Beinen" nichts zu suchen haben. So will sie ihre Töchter nicht großziehen. Mit der Welle der sexuellen Freizügigkeit kam auch der Druck, jetzt ganz ungeniert über alles sprechen zu müssen. Aber jeder Mensch hat Schamgrenzen. Kinder aufzuklären, ist okay, doch einer 15-Jähri-

gen zu erzählen, wie Selbstbefriedigung am schönsten ist, muss nicht Thema von Mutter und Tochter sein. Wenn sie dir etwas erzählen will – nichts dagegen einzuwenden. Daraus kann deine Mutter aber keinen Anspruch ableiten, dass du ihr nun ebenfalls sagst, ob und wie oft du mit deinem Freund schläfst. Das gehört zur Intimsphäre und geht deine Mutter nichts an. Genauso wie sie umgekehrt auch für sich das Recht hat, darüber zu schweigen, wie sie und dein Vater Sex miteinander haben.
Überleg mal, was du an deiner Mutter schätzt, worin du ihr ähnlich bist, was du mal anders machen möchtest als sie, was du nicht so toll findest und wofür du sie bewunderst.

Dein gutes Recht

Die elterliche Sorge, wie das Recht der Eltern in der Juristensprache heißt, umfasst sehr viel: Deine Eltern entscheiden über euren Wohnort, deine Konfession, über die Schule, die du besuchen sollst, und über die alltäglichen Dinge des Lebens wie die Höhe des Taschengelds, wann du abends zu Hause sein musst usw.
Sind deine Eltern getrennt oder geschieden, kann es sein, dass nur einer von beiden das Sorgerecht hat. In wenigen Fällen ist es geteilt.

Es gibt aber auch Ausnahmen

Deine *Briefe* dürfen deine Eltern nicht öffnen. Auch dein *Tagebuch* zu lesen, verletzt die Privatsphäre. Es sei denn, deine Eltern fürchten, dass du mit illegalen Dingen zu tun hast (z. B. Drogen). Ebenso dürfen sie dir nicht vorschreiben, mit wem du befreundet bist. Es sei denn, es gibt triftige Gründe. Mit 14 Jahren darfst du selbst entscheiden, ob du aus der *Kirche* aus-, in sie eintreten oder die Konfession wechseln willst. *Heiraten* darfst du erst ab 18 Jahren. In Ausnahmefällen mit 16, beispielsweise wenn du schwanger bist. Dann muss außer den Eltern auch das Vormundschaftsgericht entscheiden. Deine Eltern können von dir verlangen, dass du im *Haushalt* mithilfst. Wie viel und wie oft – das ist Verhandlungssache. Eltern haben aber auch die Pflicht, für deine Gesundheit, deine Ausbildung, Ernährung und Kleidung zu sorgen.

Krisen und Konflikte

Ohne Konflikte geht es meist nicht. Streiten gehört zum Zusammenleben. Wer Streit ständig meidet, weil's bedrohlich ist, offenbart sich als unsicherer Mensch. Streiten kommt jetzt zwischen dir und deinen Eltern vermutlich häufiger vor, der Streit ist heftiger. Wenn du das Gefühl hast, allein gegen zwei ankämpfen zu müssen, kann es helfen, sich einem Erwachsenen anzuvertrauen, der nicht zu eurem engsten Familienkreis gehört: dein Onkel, deine Tante, vielleicht die Oma, die Freundin deiner Mutter. Die Lösung ist oft einfacher, wenn man sich einen Konflikt einmal objektiv von außen betrachten kann.
Manchmal herrschen in einer Familie aber nicht nur Konflikte, sondern ernsthafte Krisen. Deine Eltern haben schwer mit Geld zu knapsen, einer von beiden ist arbeitslos oder deine Eltern denken an Trennung. Egal, um was es sich handelt, wenn du das Gefühl hast, du gehst unter, siehst keinen Ausweg und bist verzweifelt, wendest du dich am besten an eine Beratungsstelle.
Es gibt Sorgentelefone, den Kinderschutzbund, manchmal auch ein Kinderbüro, einen Mädchentreff oder eine Jugendgruppe und auf jeden Fall kannst du dich ans Jugendamt wenden.

JUNGE,
JUNGE

ZWEI WELTEN

Die Welt wimmelt von Jungs. Du hast dich mit ihnen im Kindergarten gekloppt, und ihr habt euch gegenseitig die Lego-Türme umgeworfen. Aber was um alles in der Welt faszinierte sie derart an „Superman" und „Power Rangers"? Das sind zwei Welten, dachtest du, wenn einer dein Barbie-Traumschiff zur Piratenflotte umfunktionierte.

Später hast du daraus die Konsequenz gezogen und sie links liegen gelassen. Mädchen waren dir wichtiger.

Vorbei und vergessen. Partys mit Jungen sind heute für dich selbstverständlich (wenn auch nicht für deine Eltern).

Vielleicht schwärmst du für den Star einer Boygroup, vielleicht für den jungen Referendar. Vielleicht bist du seit Wochen ganz doll heimlich verliebt oder hast einen Freund, der dir über alles geht.

Doch trotz Verliebtheit, trotz Liebe – irgendwie schlängelt sich ein Gedanke doch wieder in deinen Kopf: Jungen und Mädchen – das sind oft zwei Welten. Das kann je nach Stimmung sehr aufgekratzt oder sehr genervt klingen. Und manchmal fragst du dich: Was wollen die Jungs? Was geht in ihnen vor? Deshalb gibt's jetzt einen kleinen Abstecher ins Innen- und Seelenleben der Jungs. Denn: Obwohl sie oft ganz obercool tun, leicht fallen ihnen diese Umbruchzeiten auch nicht.

Atzes erster Liebesbrief

Liebe Chris,
vielleicht willst du gar nichts mehr von mir wissen, oder?
Wie ein Vollidiot hab ich mich benommen, total der Stümper.
Vielleicht pack ich das nie. Und schon gar nicht mit 'nem Mädel, das Erfahrung hat. Du hast es zwar nie gesagt, aber dass mit Dirk mehr gelaufen ist als nur Händchenhalten, ist mir klar. Da hab ich die Geschichte mit Susi ein bisschen aufgeblasen. Ehrlich: Mehr als Knutschen war nicht. Als du an meinem Hemd rumgespielt hast, da wusste ich einfach nicht, was ich tun sollte. Mein Bein war eingeschlafen, ich hing so schief auf dem Bett, und dann fiel mir ein, dass ich gestern vom Knoblauch-Auflauf 'ne Extraportion verdrückt hatte. Mundgeruch, das ist doch ekelhaft.
Und du hast – ruckzuck – dein T-Shirt ausgezogen, und ich konnte nur noch auf deinen Busen starren. Dabei hab ich mir das oft vorgestellt, abends im Bett, wenn ich mir Bilder in den Kopf hole und – naja – mir einen runterhole. Macht ihr das auch? An einen Jungen denken und euch streicheln? Fragen würd ich das natürlich nie.
Wie du so dastandest, nur mit dem Slip an, und ich mit meinen stinkigen Socken, da

drehte sich alles in meinem Kopf. Küssen, Busen streicheln, weiter runter, Pariser rausfummeln – und wenn's mir da schon gekommen wäre und dir noch nicht. Aber es war natürlich Scheiße, dass ich von Susi gequasselt habe. Eigentlich wollte ich nur aus dieser peinlichen Lage raus. Aber du hast dich ja auch gleich angezogen und bist abgehauen.
Liebe Chris, es tut mir Leid. Natürlich ist mit Susi nichts mehr. Du warst ja früher mit Dirk zusammen, das macht mir auch nichts aus. Vielleicht hast du mal Lust, mit mir ins Kino zu gehen? Ruf mich doch an.
Atze
Ich trau mich nämlich nicht, ich Blödmann!

ALLES WÄCHST

Ob Haare, Beine, Muskeln, Arme oder Stimmbänder – alles wächst. Genauso wie bei Mädchen läuft auch das Wachstum bei Jungs nicht ganz harmonisch ab. Arme und Beine wachsen voraus und wirken etwas schlaksig im Vergleich zum Rumpf. Manchmal werden Jungs ein bisschen pummelig, später wird das Becken eher schmal, und die Schultern werden breiter. Auch die Muskeln erwachen aus dem Prinzenschlaf. Bis allerdings der Rasierer im Badezimmer platziert werden kann, dauert es noch eine Weile. Zunächst wachsen Haare an den Beinen, den Armen, um die Hoden und den Penis bis zum Po. Aber auf Kinn, Oberlippe und Wangenknochen sprießt erst mal ein zarter Flaum. Ob sich ein Junge schon bald rasieren muss, ist eine Sache der Vererbung.

Auch die Stimmbänder dehnen sich. Aus der hellen Jungenstimme wird eine tiefe männliche Stimme. Aus ist's mit dem Knabenchor. Es kann auch vorkommen, dass die Stimme unvermutet wechselt: vom Männergesangsverein zurück zum Knabenchor, und das alles in einem Satz.

Hormone auf Hochtouren

Mit Massband und Zollstock

Auch bei Jungen ist bereits von Geburt an alles da: das Glied (Penis) und zwei Hoden, die im Hodensack liegen. Im Inneren des Körpers die Samenleiter, Samenbläschen und die Prostata (Vorsteherdrüse). Einziger Unterschied: Während sich bei Mädchen, schon seitdem sie auf der Welt sind, etwa 400 000 Eizellen in den Eierstöcken befinden, herrscht in den Hoden der Jungs vor der Pubertät völlige Ruhe: Keine einzige Samenzelle weit und breit. Erst in der Pubertät geraten dann auch bei Jungs die Hormone auf Hochtouren. Besonders unternehmungslustig ist das Testosteron. Es ist das Hormon, das für das Wachstum der Körper- und Schamhaare sorgt, für Pickel und Muskeln und dafür, dass die Hoden und der Penis größer werden. Das Testosteron ist auch dafür verantwortlich, dass in den Hoden Spermien (Samenzellen) gebildet werden. Erst dann kann ein Junge ein Kind zeugen.

Wenn das alles mal so einfach wäre. Die Hoden sind Jungs so ziemlich egal. Vielleicht stellen sie erstaunt fest, dass ein Hoden tiefer hängt als der andere und dass sich die Hoden mal enger an den Körper drücken, mal lose wegbaumeln. Alles eine Frage der Temperatur. Denn die Hoden müssen eine bestimmte Temperatur haben, um Spermien bilden zu können. Wenn's also warm ist, halten sich die Hoden etwas fern. Und wenn's kalt ist, drängen sie sich dicht an den wärmenden Körper. Aber gar nicht gleichgültig beäugen Jungen ihren Penis. Wie groß, wie dick, wie gerade – das spielt für sie eine ebenso große Rolle wie der Busen bei Mädchen. Vergleiche bleiben da nicht aus. Während Jungs oft überhaupt nichts dabei finden, Klassenkameradinnen wegen ihres Busens aufzuziehen, sind sie sehr empfindlich, wenn sie wegen ihres guten Stücks gefoppt werden.

Jeder ist einzigartig

Kein Penis sieht aus wie der andere. Mal ist einer eher kurz und stämmig, mal eher lang und dünn, mal zeigt er – in erregtem Zustand – fast kerzengerade nach oben, mal hat er leichte Schräglage. Der Penis besteht aus der Eichel und dem Schaft. Manchmal ist die Eichel, also die Penisspitze, schützend von einer Vorhaut umgeben. Ob die Vorhaut sie wie einen Zipfel verhüllt oder nur halb bedeckt, ist unterschiedlich. Ist ein Junge beschnit-

ten, wurde die Vorhaut (teilweise) entfernt. Das kann aus religiösen Gründen geschehen oder aus medizinischen (wenn sich die Vorhaut nicht oder nur unter Schmerzen zurückziehen lässt). Die Eichel – das Gegenstück zum Kitzler – ist sehr empfindsam.

Der Schaft ist der lange Teil des Penis und besteht aus Blutgefäßen, Haut und Schwellkörpern, einem schwammartigen Gewebe, das sich bei Erregung mit Blut füllt. Wird der Penis steif, kann er sich sehr fest anfühlen.

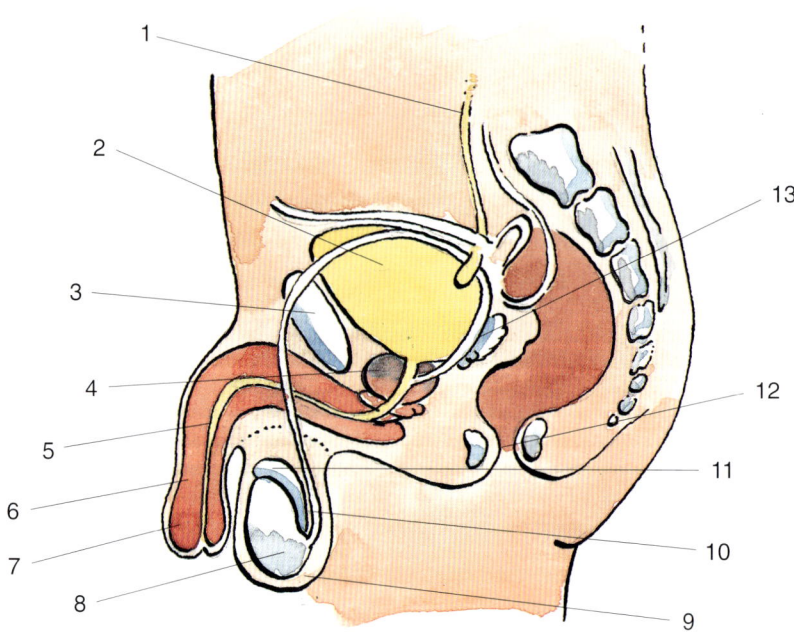

1 Harnleiter
2 Harnblase
3 Schambein
4 Vorsteherdrüse
5 Harn-Samenröhre
6 Schaft
7 Eichel
8 Hodensack
9 Hoden
10 Samenleiter
11 Nebenhoden
12 After
13 Samenbläschen

Vom herzhaften Griff und behutsamen Kraulen

Nicht jeder Junge mag auf die gleiche Weise an seinem Penis gestreichelt werden. Meist empfindet er es auf dieselbe Art schön, wie er sich auch selbst anfasst. Manche mögen die direkte Berührung auf der Eichel nicht, andere fassen nur die Spitze ihres Penis an, manche packen ihn energisch mit der ganzen Hand und bewegen die Vorhaut hin und her. Langsam oder schnell, fest oder mit weniger Druck. Auf jeden Fall ist der Griff an den eigenen Penis herzhafter als die Berührung des Mädchens an ihren Venuslippen und dem Kitzler.

Ein Missverständnis

„Was ich schön finde, findet sie bestimmt auch schön", denkt er sich und rubbelt entschlossen am Kitzler. Au weh. „Wir sind hier doch nicht auf dem Bau", denkt sie und streichelt behutsam und gefühlvoll seinen Penis, damit er merkt: „So will ich gerne selbst angefasst werden." „Ist ja ganz nett, diese Kraulerei", brummelt er in sich hinein, „aber wann geht's denn richtig los?" Muss alles nicht dramatisch sein. Manchmal funktioniert's tatsächlich, dass man dem anderen durch Bewegungen zu verstehen gibt, wie es angenehm, toll und total geil ist. Manchmal ist die wortlose Sprache aber auch wenig erfolgreich. Sag einfach, wie du's schöner findest. Das muss kein ausuferndes Referat werden. „Nicht so fest" oder „fester", das wirkt oft Wunder. Denn dein Freund möchte ja auch gern, dass du Spaß dabei hast und es dir gut geht (wenn nicht – schick ihn ins Universum).

45

Er regt sich – Erregung

Vielleicht ist dir das schon mal aufgefallen: Alle springen johlend ins Schwimmbecken, nur Jonas liegt eigentümlich träge auf dem Bauch und verweigert eisern jede Bewegung. Der Junge hat „einen stehen" – und das ist ihm peinlich. Klar, vielleicht hat er gerade ein Mädchen gesehen, das ihn so erregt, vielleicht hat er an etwas Aufregendes gedacht. Manchmal kommt die Erektion (wenn sich der Penis regt und reckt, steif und groß wird) aber einfach so. Beim Stangerunterrutschen, beim Fahrradfahren oder beim Nichtstun. Und auch das ist bei Jungs nicht anders als bei Mädchen: Mitten im Vokabelnpauken ein ganz heißes Gefühl zu haben, das kann kaum an den Vokabeln liegen. Die Lust ist stärker.

Morgenlatte

Oft steht der Penis eines Jungen schon morgens. Kaum aufgewacht, schon hat er einen Ständer. Selten ist der Grund aber sexuelle Erregung, sondern einfach eine ganz schön schlaue Sicherung des Körpers. Die Blase ist voll. Der Penis reckt sich. Mit einem steifen Penis kann man aber nicht pinkeln. Was übrigens Jungen im Geheimen auch Sorgen macht: Ob sie nämlich bei einem Samenerguss gleichzeitig pinkeln müssen. Nein, ist der Penis steif, ist die Harnröhre dicht. Die Morgen-

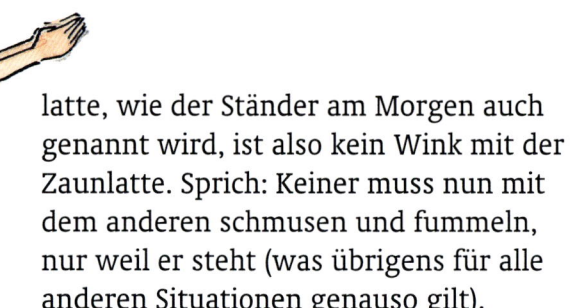

latte, wie der Ständer am Morgen auch genannt wird, ist also kein Wink mit der Zaunlatte. Sprich: Keiner muss nun mit dem anderen schmusen und fummeln, nur weil er steht (was übrigens für alle anderen Situationen genauso gilt).

Samen auf Reise

Tummelplatz für die Samen sind die Hoden. Dort reifen sie heran. Aber reisefertig sind diese Jungs noch lange nicht. Zunächst geht's ins Zwischenlager Nebenhoden. Dort wird weitergereift. Sind die Samen ausgereift, geht's weiter zum Samenleiter und in die Samenbläschen. Dort heißt es zunächst warten – warten auf den Endspurt. Der Penis hat seine Haltung inzwischen grundlegend verändert: Gebaumelt wird später wieder, jetzt reckt er sich keck empor. Die flinken Samen wären aber lang nicht so erfolgreich, gäbe es nicht die Samenflüssigkeit, in der die Samen schwimmen. Halt! Stop! Zu spät! Ein paar sind abgehauen. Noch vor dem Samenerguss haben sich einige Vorwitzige rausgewagt. Sehnsuchts- oder Lusttropfen werden sie genannt und sind der Grund dafür, dass ein „Rückzieher" beim Sex zum Reinfall werden kann (siehe Seite 98). Die Tropfen enthalten bereits Spermien, und das Mädchen kann schwanger werden, auch wenn der Penis vor dem Samenerguss aus der Scheide gezogen wird.

Auf die Plätze, fertig, los! Mit einem ganz schönen Tempo flitzen die Jungs, die übrigens aussehen wie Kaulquappen, durch die Harnröhre ins Freie, das heißt entweder in hohem Bogen ins Bettzeug, ins Gras, ins Kondom oder wohin auch immer. Das ist der Samenerguss (Ejakulation), rein technisch gesehen. (Das Ejakulat ist nicht mehr als ein halber bis ganzer Teelöffel.) Lustvoll betrachtet: der Orgasmus. Allerdings kann es Orgasmen ohne Erguss und Ergüsse ohne Orgasmus geben. Übrigens: Etwa 400 Millionen Samen machen sich auf den Weg – einer kommt durch – wenn überhaupt. Manchmal passiert so ein Samenerguss ohne jedes Zutun, sprich: Der Junge hat sich nicht vorher selbst befriedigt oder ist gestreichelt worden. Manche Leute glauben, der Junge habe an etwas Erotisches gedacht, und nennen es einen „feuchten Traum" haben.

VON DER ROLLE

Keine leichten Zeiten für Jungen. Was sich körperlich verändert, darauf sind sie meistens weniger vorbereitet als Mädchen. Aber Jungen wollen auch Männer werden. Und das ist gar nicht so leicht. Man(n) will doch auch ein toller Mann sein, und das heißt: stark sein, sich durchsetzen können, mal mit Ellenbogen, mal mit einem Tritt. Wer heult, schwach ist und Angst hat, gilt als Memme.

Weint ein Mädchen über die Fünf in Mathe, wird sie getröstet. Weint ein Junge, ist er eine Flasche. Weiß ein Mädchen nicht, wo's Kondome zu kaufen gibt, okay, sie kann ruhig fragen. Hat ein Junge davon aber keine Ahnung, gilt er als Nullchecker. Er fragt nicht, er erklärt. Nur keine Schwäche zeigen ...

So wie Mädchen merken, dass sie in erster Linie Anerkennung für ihr tolles Aussehen, ihre prima Figur und ihr nettes Verhalten bekommen, spüren auch Jungen recht früh, dass von ihnen Stärke und Macht verlangt werden. Ein anderes Wort für Macht ist Potenz. Potent müssen sie sein, nicht schlappmachen, ob beim Raufen, beim Sport oder im Bett. Das setzt aber enorm unter Druck.

Coole Typen

„Darf ich denn auch mal schüchtern sein, oder mögt ihr nur coole Jungs?", heißt die heimliche Frage an die Mädchen. Denn es ist furchtbar anstrengend, immer so zu tun, als habe man alles im Griff, als könne einen nichts belasten – eben total cool. Natürlich sind nicht alle Jungen cool, und die Obercoolen auch mal völlig von der Rolle. „Quatsch", sagen Mädchen, „natürlich stehen wir auf Jungs, die einfühlsam sein können, nicht alles besser wissen müssen, ihre Schüchternheit auch zeigen und über ihre Gefühle reden können. Wer will schon mit „Terminator" schmusen?"

Also alles ein Missverständnis? Die Jungs irren sich bloß? Nicht ganz. Denn hin und wieder machen sie die Erfahrung, dass nicht der knufflige, lustige Kumpeltyp das Rennen bei den Mädchen macht, sondern der Macker, der sagt, wo's langgeht. Bei genauerem Hinsehen entpuppt sich einer, der nicht so viel Worte macht zwar als einer, der keine Worte findet, aber offenbar kommt der coole Obermacho bei manchen Mädchen ganz gut an.

Angst vor der Blamage

Auch Jungen sind unsicher und von Selbstzweifeln geplagt. Ob ihr Hintern knackig, ihre Muskeln stark genug, ihr Oberkörper nicht zu schmächtig und die Beine nicht spindeldürr sind. Immer stark sein zu müssen und nie schwach sein zu dürfen, das macht auch Angst, jemand könnte merken, dass sie nicht alles wissen, nicht alles können und nicht immer durchblicken. Angst vor der Blamage.

Zwar halten heute viele Mädchen nichts mehr davon, immer nur zu warten, bis er den ersten Schritt tut. Aber trotzdem fühlen sich Jungs noch unter dem Druck, das Ganze selbst eingefädelt zu haben. Und schon rattert ein kompletter Film in seinem Kopf ab: Soll ich sie jetzt küssen, nur mal so oder richtig lang? Ein Zungen-

kuss, dann streicheln, über der Bluse oder schon drunter? Gleich am Busen oder doch erst noch ein bisschen warten? Schließlich will er vor dem Mädchen nicht als der unerfahrene Bubi aus dem Tal der Ahnungslosen dastehen. Kein Wunder, wenn er dabei wenig Zeit hat, um zu gucken, was er eigentlich schön findet und mag.

Rambo im Bett

„Muss ein Junge denn immer grob sein?",
fragen sich Jungs.
Wer hat ihnen denn das erzählt? Vermutlich keiner. Sie glauben es trotzdem zu
wissen, und zwar aus Filmen. Bilder auf
Leinwänden schaffen Bilder in Köpfen.
Vom harten, nimmermüden, ewig poten-
ten Mann, der eine eben noch ganz normal wirkende Frau zu einem wollüstig
stöhnenden Geschöpf macht, das mit
heißem Atem keucht und sich vor Lust
hemmungslos aufbäumt. Natürlich
gucken nicht alle Jungen Sexfilme. Und
nicht alle glauben, dass es in der Realität

auch so funktioniert. Trotzdem verunsichern solche Bilder von sich akrobatisch
verrenkenden, dauerstöhnenden Frauen,
die allzeit bereit sind und immerfort mit
einem Mann ins Bett steigen wollen. Es
ist verdammt ärgerlich, als Mädchen
solch einem Unsinn aus Filmstudios ausgesetzt zu sein und zu sagen: „Nee du,
das hat mit mir nichts zu tun."
Das Fernsehen und auch Zeitschriften
sind voll davon: Sex mit dem Mund, Sex
vor wildfremden Menschen, stundenlang
von oben, unten, hinten und vorn. Da
kann bei Jungen ganz leicht das Gefühl
entstehen: Mensch, muss ich das alles
auch bringen? Mögen das Mädchen?

Was Jungs sich nicht zu fragen trauen

? „Warum ziehen sich Mädchen so aufreizend an und werden sauer, wenn man sie anmacht?"

? „Warum kichern Mädchen immer und sind so schnell beleidigt?"

? „Befriedigen sich Mädchen selbst, und wie machen sie das?"

? „Was soll ich sagen, wenn ich mit einem Mädchen schlafen will?"

? „Was fühlt ein Mädchen beim Orgasmus?"

? „Welche Stellung macht den Mädchen am meisten Spaß?"

? „Kann man mit einem Mädchen schlafen, das ihre Tage hat?"

? „Wie merkt man, dass ein Mädchen einen Orgasmus hat?"

? „Warum ekeln sich manche Mädchen davor, den Penis anzufassen?"

? „Kann man mit einem Mädchen schlafen, das noch nicht ihre Tage hat?"

? „Stimmt es, dass ein Mädchen geil wird, wenn man ihr Spanische Fliege ins Bier gibt?"

? „Warum ist man fähig, bei Erregung so Sachen zu machen wie, die Scheide zu lecken?"

Du merkst schon, vieles könntest du beantworten. Dass Spanische Fliege vielleicht geil macht, aber sicher nicht auf den, der's ins Glas schüttet. Dass man natürlich mit einem Mädchen schlafen kann, das noch nicht ihre Regel hat (aber trotzdem verhüten muss), oder auch während der Monatsblutung. Bei einigen Fragen zuckst du aber mit den Schultern: Du weißt nicht, welche Stellung Mädchen generell schön finden, aber du weißt, was du schön findest. Du hast keinen Schimmer, ob alle Mädchen den Orgasmus ähnlich empfinden, aber du kennst vielleicht dein Gefühl dabei. Und weißt: Mädchen reagieren nicht gleich – und das ist auch nicht anders als bei Jungs.

Großartige Liebhaber

Jungen wollen gern großartige Liebhaber sein – so wie Mädchen auch gern toll im Bett sein wollen. Um ein guter Liebhaber oder eine gute Liebhaberin zu werden – dafür gibt's keine Gebrauchsanweisung. Es versteht ohnehin jeder ein bisschen was anderes darunter. Ganz hilfreich ist es, sich am eigenen Körper und dem des anderen auszukennen. Wenn Jungen wissen, dass sich die Brustwarzen bei Mädchen nicht immer nur bei Erregung aufrichten, sondern genauso wie bei ihnen auch vor Kälte zusammenschnurren können, dann sind vorwitzige Brustwarzen eben nicht automatisch ein Signal für Lust. Wenn Jungen wissen, dass ein gemeinsamer Orgasmus (siehe Seite 88) zwar schön, aber auch sehr selten ist, werden sie sich nicht fragen, wer hier etwas falsch gemacht hat.

Klipp und klar

Puh, denkst du nun vielleicht. Das ist ja ganz schön schwierig. Seine Verlegenheit, meine Verlegenheit – wie soll das denn klappen? Drüber reden hilft. Leichter gesagt als getan. Denn das kann ganz schön

Überwindung kosten, wenn man sich noch nicht so gut kennt.

Ein Tipp: eindeutige Signale aussenden. Ein Junge kann nicht erraten, ob du dich wohl fühlst oder dich am liebsten verkrümeln möchtest. Wenn es dir wehtut, wie er dich anfasst, dann heißt die simple und deutliche Antwort: Au, du tust mir weh. Wenn du nicht mit ihm schlafen willst, dann sag: Nein, ich möchte nicht. Oder vielleicht auch: Nimm die Finger weg. Dein Nein ist ernst gemeint. Und wer etwas ernst meint, der schwächt es nicht mit einem entschuldigenden Lächeln ab. Weil: Was soll er nun glauben? Dein nettes Lächeln oder dein Nein? (siehe Seite 154).

Was Stefan (15) mag und was ihn nervt

Welche Mädchen ich doof finde? Das sind die eingebildeten, die glauben, sie wären die tollsten und hübschesten. Wenn sie sich zentimeterdick das Make-up ins Gesicht schmieren und total schminken. Aber auch wenn sie so gekünstelt lachen oder sich geziert bewegen. Also eben alles, was nicht natürlich ist. Das sage ich ihnen dann auch, dass ich das blöd finde.

Mich stört auch an Mädchen, dass sie so eine Schau um ihr Aussehen machen. Wenn sie sich nicht trauen, mit ein paar Pickeln rumzulaufen. Ein paar Pickel hat doch jeder. Okay, ein Streuselkuchen im Gesicht muss es nicht gerade sein.

„Mädchen fühlen sich immer zu dick — das nervt."

Ich weiß auch nicht, welche Probleme Mädchen mit ihrer Figur haben. Ich glaube, das ist Spinnerei und reine Einbildung. Immer halten sie sich für zu dick. Dabei wollen sie doch nur hören, dass es nicht stimmt. Es nervt mich jedenfalls total. Auf so ganz Schlanke stehe ich auch gar nicht. Das ist ja so, als ob man ein Knochengerüst im Arm hält. Oder die Mädchen, die ihre Brust zu groß finden. Manche sagen dann, mit 18 wür-

den sie es sich wegoperieren lassen. Das finde ich Schwachsinn. Ich finde, jeder soll zu seiner Figur stehen und auch zu sich selbst.

„Sie hat gleich die Bluse aufgemacht."

Ich finde Mädchen gut, die nett und liebevoll sind, die ein bisschen knuddeln und den Körper des anderen erkunden wollen. Aber nicht unbedingt alles sofort ausprobieren möchten, was an Stellungen in irgendwelchen Zeitschriften steht. Manche finde ich auch aufdringlich. Mir ist's mal passiert, dass wir so rumgeknutscht haben und dann hat sie gleich ihre Bluse aufgemacht. Ich will mich aber nicht unter Zugzwang setzen lassen. Ich will den Zeitpunkt auch selbst bestimmen.

„Liebe auf den ersten Blick — das ist mir noch nie passiert."

Ob sich ein Mädchen für mich interessiert, das merke ich schon. Sie tanzt dann in der Disco vor mir rum und irgendwann sitzt sie neben mir. Manchmal finde ich's lästig, manchmal schmeichelt's mir auch. Wenn ich aber klarmache, dass ich nichts von ihr will und sie läuft mir nach, ist

das aufdringlich. Ich will erst mal
schwätzen. Dass ich mich auf den
ersten Blick in ein Mädchen verliebt
habe, ist mir noch nie passiert. Das
Verlieben dauert ein bisschen, man
muss sich erst mal kennen lernen.
Aber das Mädchen muss auch was
erzählen. Ich komme mir sonst reich-
lich dämlich vor, immer zu fragen:
Wie heißt du? Wie alt bist du? In
welche Schule gehst du? Und sie
bleibt stumm wie ein Fisch.

„Willste 'ne Cola?"

Wenn mich ein Mädchen interessiert,
dann frage ich sie, ob ich ihr eine
Cola ausgeben kann. Und wenn ich
abblitze, dann habe ich halt Pech
gehabt. Naja, so leicht steck ich
das auch nicht weg. Ich bin dann
schon enttäuscht und warte ein bisschen, vielleicht überlegt sie's sich
noch.

„Meine Eltern müssen nicht
alles wissen."

Neulich hat mich ein Mädchen im Bus
angesprochen. Wenn Freunde dabei
sind, ist das Kennenlernen soundso
einfacher. Wir haben miteinander
über die Schule geredet, tja, alles
Mögliche, was uns so eingefallen
ist. Ob sie einen Freund hat und ich
'ne Freundin, das haben wir uns
gleich gefragt. Das will ich wissen,

wenn mich ein Mädchen interessiert.
Wie's weiterging? Sie ist seit einer
Woche meine Freundin. Meine Eltern
wissen davon nichts. Nee, nicht weil
sie Andeutungen machen würden oder
so was, einfach weil sie nicht alles
wissen müssen. Das ist meine Privat-
sache.

„Miteinander schlafen?
Nee, ich bin noch nicht so weit."

Wir haben das mit dem Miteinanderschlafen schon klargestellt. Wir
wollen beide nicht. Den Körper des
anderen kennen lernen, ist okay,
aber für mehr — nee, da bin ich noch
nicht so weit. Das hat gar nichts
mit ihr zu tun, mehr mit mir. Manchmal hat man zwar schon den Drang,
aber es muss auch nicht sein.

„Manche Jungen glauben,
sie sind obercool."

Jetzt muss ich aber auch mal sagen,
was mich an Jungs stört.
Ich finde es blöd, wenn sie mit
ihren Erfahrungen angeben. Da
erzählen sie, wie sie an ihrer
Freundin rumgetatscht haben. Das
finde ich dem Mädchen gegenüber
nicht fair, das vor den anderen aus-
zuposaunen. Bei manchen habe ich
auch das Gefühl, die protzen nur
damit, aber sie haben das gar nicht
selbst erlebt.

soooOO

VERLIEBT

Es knallt und zuckt, trifft wie der Blitz oder schleicht auf leisen Sohlen daher, hinterrücks und (un)heimlich – das Verlieben.

Die Liebe, die hat nicht nur eine einzige Farbe: Sie ist tiefrot oder schweinchenblass, schrill pink oder zart rosig.

Liebe kann kurz auflodern und wieder verlöschen, gewaltig und aufbrausend sein, zart und verklärt, zögerlich und unschlüssig, einseitig und schmerzhaft, berauschend und betörend, grausam und wütend, aber nie gleich. Die Liebe hat viele Gesichter.

Bisweilen ist auch nur das Verlieben schön, du bist geradezu verliebt ins Verlieben. Liebe steht nicht auf Betteln und reagiert nicht auf Zwang.

Rein medizinisch betrachtet ist Verliebtsein ein bedenklicher Zustand: eiskalte Hände, Herzrasen und Schweißausbruch, Appetitlosigkeit, Sprachstörungen und Ruhelosigkeit.

Liebe ist ein stimulierendes Mittel mit stark erregender Wirkung, Abhängigkeit nicht ausgeschlossen, Entzugserscheinungen: garantiert schmerzhaft.

Kurz gesagt: Du bist hin und weg, hast Schmetterlinge im Bauch, schwebst auf Wolken, dir ist der Kopf verdreht, du himmelst, schwärmst und schmachtest, sprich: Du bist übergeschnappt. Ein herrliches Gefühl!

Liebes Tagebuch

11.5.

Ich bin total verrückt!!! Mir geht's super-super-gut. Von vorn: 14 Tage Praktikum. Mein Betreuer: Was für ein Typ! Braun gebrannt, schwarze Haare und Augen – zum Versinken. In meinem Bauch ravet 'ne ganze Herde wild gewordener Affen. Richtig locker ist er, nicht so 'n Büro-Opa. Abends fährt er mich in seinem Cabrio heim und spielt mir 'ne Kassette vor. „Zornige Banditen" heißt seine Gruppe, der hat 'ne irre Stimme. Auf einmal schaut er mich lang an, streicht mir zärtlich übers Gesicht und fragt, wie alt ich bin. 16, warum? Das sind 17 Jahre Unterschied, wie soll das denn gut gehen? Mein Herz klopft wie verrückt. Der fährt auf mich ab! Und wie er küsst – Wahnsinn!

14.5.

Für mich spielt der Altersunterschied überhaupt keine Rolle. Mit ihm kann ich über alles reden, über Schule, Politik und Musik. Endlich mal einer, der mich ernst nimmt. Heute war ich mit ihm in der Disco. Der kann sogar cool tanzen. Auf dem Heimweg passiert's: Wir küssen uns, und dann kreist er mit einem Finger sachte um meine Brust und tastet sich durch meine Bluse. Ich hätte auf der Stelle mit ihm geschlafen. Aber er sagt, ich bin zu schade, um bloß mal über mich drüberzurutschen. Er will mich zu nichts drängen.

21.5.

Aus! Vorbei! Ich hab mir total was vorgemacht. Ich klingel früher als verabredet, mich trifft fast der Schlag. Der hat 'ne Brille wie Fantagläser. Sonst trägt er Kontaktlinsen, er müsse ein bisschen auf sein Aussehen achten. Ein bisschen? Sein Kabuff sieht aus wie 'n Fitnessstudio: Hometrainer, Stepper, Sonnenbräuner. Die Fans stünden da drauf. Deswegen gehe er auch zur Maniküre. Ich starr ihn entgeistert an und renn wortlos raus, an der Ecke hab ich einen Heulkrampf. So 'n oberflächlicher Mist. Der Typ ist die totale Mogelpackung – völlig unecht.

LIEBE MIT SICHERHEITSABSTAND

Er guckt dich immerzu an – aus allen Ecken deines Zimmers, mal verschmitzt und mal verträumt, mal mit strahlendem Lächeln, mal nachdenklich. Aber immer mit gewaschenen Haaren und ohne einen einzigen Pickel, niemals mit einem blöden Spruch auf den Lippen und immer gut gelaunt. Du sammelst alle Fotos von ihm, klebst sie sorgfältig in Alben, liest begierig jede Nachricht. Es stört dich

nicht einmal, dass ihn noch sieben Schulkameradinnen toll finden, denn du weißt, richtig geliebt wird er nur von dir.
Dann hat es dich ganz schön erwischt. Darüber muss sich keiner lustig machen. Schon Mädchengenerationen vor dir sind beim Anblick der „Beatles" in Ohnmacht gefallen, haben ihre Herzen massenhaft an Elvis Presley oder James Dean verschenkt. Die Liebe zu einem Jungen auf der Leinwand oder von einer Boygroup

ist eben eine Liebe mit Sicherheitsabstand. Du kannst in Gedanken alles mit ihm tun, was du schön findest, und ihm alles erzählen. Er tut dir nicht weh, peilt nicht nach anderen Mädchen, versetzt dich nicht und macht nicht Schluss. Eine Liebe, die du selbst in der Hand hast. Außerdem: Das Verliebtsein ist so schön, dass du's ruhig auskosten kannst.

Vom Kloß im Hals und anderen Knoten

Du triffst ihn jeden Morgen im Bus. Dafür stehst du extra 'ne halbe Stunde früher auf. Busfahren ist das Highlight schlechthin. Sobald du auf der Schulbank sitzt, ist der Tag gelaufen und du fieberst dem nächsten Morgen entgegen. Tag für Tag. Woche für Woche. Merkt dieser Blödmann denn nichts? Leider nicht. Warten. Wahrscheinlich redet er eh nur dummes Zeug. Und wenn nicht? Warten. Vermutlich findet er mich gar nicht toll. Und wenn doch? Warten.
Du merkst: So wird das nichts. Schluss mit der Warterei. Denn die Zeiten, als Mädchen noch Stofftaschentücher fallen ließen, die der Angebetete aufhob, die sind vorbei. Auch sämtliche Tricks aus Zeitschriften erweisen sich als höchst untauglich.

SACKGASSEN-FLIRTS

„Du hast den Mann deiner Träume im Supermarkt entdeckt? Packe deine Nudeln und Ravioli wie zufällig in seinen Einkaufswagen. Der Rest ergibt sich wie von selbst."

Er wird dich für eine Pflaume halten, die nicht mal ihren eigenen Wagen wieder findet.

„Männer stehen auf Frauen mit erotischen Stimmen."

Du rauchst, bis dir schwindlig wird, und hörst dich an wie die letzte Überlebende in einem Lungensanatorium.

„Wenn du deinen Traumboy entdeckst, fahre dir mit der Zunge sinnlich über die Lippen, bis sie feucht glänzen, und halte sie leicht geöffnet."

Das sieht nicht erotisch, sondern bekloppt aus.

„Rede mit ihm über die Dinge, die ihn interessieren."

... und langweile dich dabei zu Tode.

„Zieh kurz vor eurem Treffen mehrmals ganz schnell die Schultern hoch, lass sie wieder fallen und atme tief durch. Das löst Verspannungen."

Vielleicht alarmiert er aber auch den Notarzt.

„Auf einer öden Party taucht kurz vor Schluss ein süßer Typ auf. Lass dich von deiner Freundin gegen ihn schubsen und schon bist du mitten im Gespräch."

... über blaue Flecken.

Der erste Schritt

Den meisten Menschen fällt es nicht leicht, jemanden ohne Scheu anzusprechen. Auch Jungen haben Angst vor einer Abfuhr. Immer ist auch ein kleiner innerer Ruck vonnöten. Nur wenn du's versuchst, hast du auch eine Chance. Schau ihn an, lach ihn an, sprich ihn an, erzähl was, frag ihn, ob er Lust hat, mit ins Kino zu gehen, zum Tanzen, zu einem Konzert, ins Café. Schüchternheit muss nicht immer schrecklich sein. Sie ist auch Selbstschutz. Du kannst im Geheimen flirten und in Sicherheit schwärmen. Wenn du aber ganz viel grübelst, wie du den Kontakt schaffen könntest, und vor lauter Scheu keinen Schritt wagst, frag dich mal: Wovor hast du die meiste Angst? Dass du plötzlich einen Kloß im Hals hast und kein Wort hervorbringst? Räuspern und noch mal versuchen. Dass dir nichts Gescheites einfällt? Es muss auch nicht nobelpreisverdächtig sein.

Abgeblitzt?

Das kann passieren, ganz klar. Aber das bedeutet noch lange nicht, dass du nun dumm, dick und hässlich bist. Die Botschaft heißt nicht: Du bist nicht interessant. Sondern er ist nicht an dir interessiert. Eine Zurückweisung ist keine Abwertung deiner Person.

Wenn du deine Ängste in Worte fasst und anschaust, sind sie schon kleiner und nicht mehr halb so bedrohlich. Denn das Schlimmste, was dir passieren kann, ist ein Nein. Nicht mehr. Wenn du selbst angesprochen wirst, dich aber für ihn nicht interessierst, reicht ein einfaches Nein. Sich über ihn lustig zu machen oder über ihn herzuziehen, ist keine Heldentat.

Du kannst ruhig loslegen – und nicht vergessen: Jeder Rückschlag wird als Übung verbucht.

MEINS!

FALSCH

Traumfrau sucht Märchenprinzen

„Naaa, hast du den Richtigen schon gefunden?"

Mensch, Oma. Auf der Erde leben um die sechs Milliarden Menschen, etwa die Hälfte sind Männer. Das ist doch wie, die Stecknadel im Heuhaufen zu suchen. Oma, was mach ich nur, wenn ,mein Richtiger' gerade in China rumläuft?

Klar doch. Kein Mädchen glaubt mehr daran, dass irgendwann der Märchenprinz vom Pferd steigt und das aschenputtelige Schneeröschen wachküsst.

Oder doch?

Wartet nicht vielleicht draußen in der weiten Welt der schlanke, muskulöse, zärtliche und aufmerksame, erfolgreiche und rücksichtsvolle, feurige und treue Mann auf dich?

Du hast jetzt drei Möglichkeiten: Entweder du trainierst dir selbst sämtliche dieser Eigenschaften an (denn der Märchenprinz will ja auch die Traumfrau), du wirst bescheiden und wirfst ein paar deiner Prinzipien über den Haufen – oder: Du backst dir deinen Traummann.

Marmor, Stein und Eisen bricht, aber unsere Liebe nicht

Erwachsene tun es leidenschaftlich gern: Ordnungsfanatisch systematisieren sie die Liebe. Sie sortieren und misten aus. Herauskommt: Christina schwärmt, Julia ist verknallt und Giovana verschossen. Verliebt, verknallt, verschossen, das hört sich bös nach Vorspiel an, nach „jaja, das vergeht schon wieder". Richtige Liebe ist erwachsene Liebe, behaupten sie felsenfest. Dabei weißt du's selbst am besten. Liebe kann kurz auflodern und wieder verlöschen, gewaltig und aufbrausend sein, zart und verklärt, zögerlich und unschlüssig, einseitig und schmerzhaft, berauschend und betörend, grausam und wütend, lang oder kurz, aber nie gleich. Die Liebe hat viele Gesichter.

WENN MÄDCHEN MÄDCHEN LIEBEN

... dann sind sie vor ihrem ersten Rendezvous total aufgeregt.
... dann kribbelt's im Bauch, und die Hände zittern.
... dann küssen sie sich und streicheln sich.
... dann schlafen sie miteinander und haben einen Orgasmus oder auch nicht.
... dann streiten sie sich, sind eifersüchtig und verletzt,
versöhnen sich wieder oder gehen auseinander.

Kein bisschen anders als bei Mädchen, die sich in Jungs verlieben. Trotzdem – ganz so easy ist es nicht. Carmen spürt, dass ihr Herz flattert, wenn Nicole auftaucht. Klar, Nicole ist ein tolles Mädchen, selbstsicher, frech und hübsch. Carmen träumt auch von der jungen Physiklehrerin, wie sie zusammen im Wald entlangschlendern, auf der Wiese sitzen, sich streicheln ... Halt. „Was ist los?" Carmen ist verwirrt. „Stimmt etwas nicht mit mir?" Wenn ein Mädchen entdeckt, dass sie genau dieselben Gefühle für ein anderes Mädchen empfindet wie ihre Freundin für einen Jungen, kann das beunruhigend sein. Denn auf einmal knallt alles in den Kopf, was ihr von Kindesbeinen eingetrichtert wurde: „Homosexualität ist nicht normal."

Michelle, 18: Sie hatte eine Art, m...
zu verzaubern – das hat noch kein
Mann geschafft. Ich wusste manchm...
nicht, wo meine Arme und Beine sind
wo mein Kopf sitzt, wo oben und unte...
ist. Das vergesse ich nie. Eine Frau
weiß eben, welche Berührungen am
schönsten sind. Ihre Finger, ihr Mund,
ihre Zunge waren einfach überall.

Was ist schon normal?

Mädchen, die Mädchen lieben, und Jungs, die Jungs lieben, sind in erster Linie deshalb verwirrt, weil die Gesellschaft Homosexualität als krankhaft betrachtet oder einfach ignoriert, Homosexuelle diskriminiert und herabwürdigt. Normal sei es, so wird dir eingeredet, wenn sich Mädchen und Jungs zusammentun.

Bei vielen Menschen hat sich das so sehr eingeprägt, dass sie allein bei der Vorstellung von zwei Männern oder zwei Frauen, die zusammen im Bett liegen, mit Abscheu reagieren. Dann heißt es, die sind „falsch gepolt" oder „vom anderen Ufer", alles Begriffe, die aussagen sollen, dass mit ihnen etwas nicht stimmt. Etwa zehn Prozent der Menschen fühlen sich hauptsächlich zu ihrem eigenen Geschlecht hingezogen. Aber eben nicht immer. Es gibt Wissenschaftler, die davon ausgehen, dass jeder Mensch bisexuell veranlagt ist, also durchaus Liebesgefühle, erotische Gefühle und sexuelle Lust für das eigene Geschlecht genauso wie für das andere empfinden kann. Das mag sich in Gedanken äußern oder auch in einer Liebesbeziehung. Für manche ist Homosexualität eine Entscheidung fürs Leben, für andere ein wichtiger Abschnitt in ihrem Leben oder nur eine Episode.

Wie lebe ich als Lesbe?

Wahrscheinlich kennst du keine Lesbe, sprich: keine Frau, die sich offen dazu bekennt und die deine Fragen beantworten könnte. Wie lebe ich denn als Lesbe? Wie kann ich offen lesbisch sein? Kann ich's in der Schule sagen und womit muss ich rechnen? Wie werden meine Eltern reagieren, wenn sie erfahren, dass ich ein Mädchen liebe?

Manche Mädchen spüren recht früh, dass sie anders sind, sich nicht für Jungs interessieren und auch nicht glauben, dass sich das ändert. Andere sind fest befreundet mit einem Jungen und verlieben sich plötzlich mächtig in ein Mädchen. Manche Mädchen lieben Mädchen und Jungs. *Die* Lesbe gibt es nicht.

In vielen größeren Städten gibt es Lesbengruppen. Dort sind Mädchen und Frauen, die deine Gefühle und Stimmungen kennen und dir helfen können.

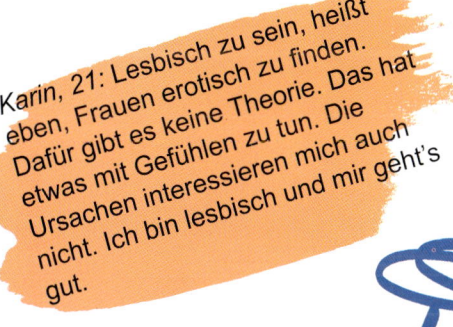

Karin, 21: Lesbisch zu sein, heißt eben, Frauen erotisch zu finden. Dafür gibt es keine Theorie. Das hat etwas mit Gefühlen zu tun. Die Ursachen interessieren mich auch nicht. Ich bin lesbisch und mir geht's gut.

FALSCH GEDACHT

99 Ob eine Frau lesbisch ist, sieht man doch. 66

Meist sind damit Mädchen und Frauen gemeint, die eher jungenhaft aussehen, sich die Haare kurz schneiden und lieber Hosen tragen als Röcke und Kleider. Aber es gibt genauso Lesben mit hochhackigen Schuhen, Schminke und Dauerwellen wie heterosexuelle Mädchen, die sich „cool" und „männlich" kleiden.

99 Warum ist die denn lesbisch geworden? So schlecht sieht die doch gar nicht aus. Lesbisch ist eine doch nur, weil sie keinen Mann abgekriegt hat. 66

Dahinter steckt die Ansicht, dass eine Frau nur dann etwas wert ist, wenn sie sich mit einem Mann zusammentut, andersherum: dass Lesbischsein ein Defizit ist. Es ist aber lediglich eine andere Art, zu leben und zu lieben.

99 Das ist wider die Natur. 66

Damit ist gemeint, dass Frauen und Männer nur deshalb zusammenkommen dürfen, um sich fortzupflanzen. Anders gesagt: Sex ja, aber bitte nur zum Kindermachen. Klar, Lesben können keine Kinder zeugen. Sie dürfen – auch das ist eine Benachteiligung – keine Kinder adoptieren und haben kein Recht auf eine anonyme Samenspende. Aber wie viele hunderte und tausende Male schlafen zwei miteinander, ohne im Traum daran zu denken, ein Kind zu machen?

Heterosexuell: Wenn Mädchen Jungs und Jungs Mädchen toll finden und sich in sie verlieben.

Bisexuell: Wenn Mädchen Jungs *und* Mädchen und wenn Jungen Mädchen *und* Jungs erotisch finden.

Homosexuell: Wenn Mädchen auf Mädchen und Jungen auf Jungen stehen. Schwul sind homosexuelle Jungen und Männer, als lesbisch bezeichnet man homosexuelle Mädchen und Frauen.

Coming out: heißt wörtlich ‚herauskommen'. Das ist die Zeit vom ersten Gefühl, dass du Liebe für ein Mädchen empfindest, bis zu dem Zeitpunkt, wo du das Lesbischsein als deine Lebensform akzeptierst. Darüber hinaus kann es heißen, seine Gefühle für Mädchen offen nach außen zu zeigen.

Outing: Offen lebende Lesben und Schwule machen die Homosexualität von Menschen, die das bisher verschwiegen haben, öffentlich, manchmal, ohne sie zu fragen oder sogar gegen ihren Willen.

ZU ZWEIT – DER HIMMEL AUF ERDEN

Lilli und Max sind ein Traumpaar.
Lilli und Max unternehmen alles gemeinsam.
Lilli und Max halten sich immer
eng umschlungen.

Lilli und Max kommen zusammen zur Party
und verlassen sie auch gemeinsam wieder.
Lilli und Max bringen sich
kleine Geschenke mit.

Denn Liebe braucht Abstand

Nur wer weggeht, kann auch wiederkommen. Es ist wunderbar, sich mit dem anderen eins zu fühlen. Aber dann muss jeder wieder „Ich" sein. Fußball spielen – ohne die Freundin. Tanzen gehen – ohne den Freund. Jeder braucht etwas ganz für sich allein. Dieses Bedürfnis kommt – auch bei der heftigsten Liebe und ist beileibe kein Signal, dass du deinen Freund nicht mehr so liebst wie früher. Keiner kann für den anderen „Ein und Alles" sein.

Du könntest jedes Mal vor Scham verkriechen, wenn dein Freund im Kino bei den romantischsten Stellen polternd lacht. Aber mit deiner Freundin kannst du ungeniert ins Taschentuch schniefen. Du stehst schweißgebadet in der Umkleidekabine und kaufst entnervt die erstbeste Hose, weil er nervös trommelnd von draußen ruft: „Schatz, bist du endlich fertig?" Lass es einfach sein. Es gibt noch unendlich viele Dinge, die ihr gemeinsam tun könnt und die euch zusammen Spaß machen.

Lilli und Max feiern jeden Monat den Tag
ihres Kennenlernens.
Lilli und Max tragen denselben
Ring am Finger.

Lilli und Max trennen sich.
Was ist passiert?
Kann sein, dass Lilli und Max
vor Langeweile fast gestorben wären.

Liebe braucht Eigenständigkeit

Auch Liebe kann nicht umkrempeln

Er mag nicht, dass du außer an den Mädchentagen ins Jugendhaus gehst. Er glaubt, dass deine Freundin dir nur Flöhe ins Ohr setzt, und will nicht, dass du sie triffst. Er findet dein ausgeschnittenes T-Shirt erotisch, aber er möchte nicht, dass du „so aufreizend" durch die Gegend läufst. Findest du seine Kritik richtig? Dann bist du auf dem besten Weg, eine Marionette aus dir machen zu lassen. Rücksichtnahme ist okay. Aber wer sich bis zur Unkenntlichkeit anpasst, erkennt sich irgendwann selbst nicht wieder.

Er hat dich fasziniert in seiner Schweigsamkeit. Kein hektisches Geplapper, kein überflüssiges Gerede. Jetzt geht dir seine Einsilbigkeit auf den Geist. Du krempelst die Ärmel hoch und denkst, wär doch gelacht, wenn ich ihn nicht umkrempeln könnte. Geht nicht. Und schon gar nicht mit Erpressung nach dem Motto: Wenn du mich wirklich lieben würdest, wärst du nicht so verschlossen. Du kannst einen anderen Menschen nicht nach deinen Wünschen formen. Verändern wird er sich nur, wenn er es auch selbst will.

Liebe ist nicht perfekt

Er hat dir kleine Liebesbriefchen zugesteckt, ist extra lang aufgeblieben, um deine Lieblingsband im Radio aufzunehmen, er ist kilometerweit heimgelaufen, weil ihr vor lauter Schmusen den letzten Bus verpasst habt. Und jetzt? Nichts von alledem. Ach, damals, seufzt du. Da hast du schon weiche Knie bekommen, wenn du nur an seinem Pullover gerochen hast. Du hättest vor lauter Glück Liebes-Graffitis an die Häuserwände malen können. Doch, doch, du liebst ihn noch. Aber wo sind die Wellen in deinem Bauch, das Kribbeln in den Haarspitzen? Er versprach doch, alles in einem zu sein: Er sollte dich trösten und Kraft spenden, wenn dir der Zank deiner Eltern wieder mal unter die Haut fuhr. Du wolltest dich bei ihm geborgen fühlen, wenn schon alles andere um dich herum drohte auseinander zu brechen. Er sollte dich uneingeschränkt lieben in dieser Welt, in der Gefühle keine Rolle zu spielen scheinen. Hallo, aufgewacht. Das kann kein Mensch leisten. Träume sind prima, man muss sie sich auch nicht vom Alltag grau machen lassen. Aber wer so unrealistische Wünsche an eine Partnerschaft hat, scheitert an seinen eigenen Idealen. Liebe ist keine Insel inmitten von feindlichem Gebiet.

Liebe ist nicht nur ein Gefühl

Liebe braucht auch Verabredungen. Ganz doll verliebt zu sein, geht oft mit dem Gefühl einher, den anderen schon mächtig lang zu kennen. Mit dem anderen zusammen sein, ist wie zu Hause sein. Weil er über die gleichen Dinge lacht und dieselben Sachen verabscheut wie du, geht ihr stillschweigend davon aus, dass ihr euch in allem einig seid. Der beste Weg, um herauszufinden, wie ihr euch eure Partnerschaft vorstellt, ist darüber zu reden. Wie viel ihr gemeinsam unternehmen wollt, und wann jeder Zeit für sich allein braucht. Wie viel dir an Pünktlichkeit liegt oder ihm an deiner Zuverlässigkeit. Wie sehr du es hasst, dass er vor Freunden so tut, als wärt ihr nur lose zusammen. Oder wie sehr es ihn kränkt, wenn du vor anderen seine Missgeschicke zum Besten gibst. Der Spruch: „Wenn er mich wirklich liebt, weiß er das", gilt nicht. Ihr müsst darüber sprechen – Hellseherei gibt's auch bei der großen Liebe nicht.

Eifersucht

Jeder kennt sie, keiner mag sie. Sie bringt vernünftige Menschen dazu, völlig unvernünftige Dinge zu tun. Sie bohrt und macht misstrauisch, kränkt und zerstört: die Eifersucht. Eifersucht wird gern als Zeichen von Liebe verstanden. Doch jeder, der gefragt wird, was er für Liebe hält, sagt: Vertrauen, Glück, Geborgenheit, Lust und Leidenschaft, Gemeinsamkeit. Genau diese Gefühle werden durch Eifersucht aber lädiert, wenn nicht gar zerstört.

Alice, 17: Mein Freund hat sich einmal ganz innig mit einer anderen unterhalten. Da bin ich ausgerastet und habe beiden kurzerhand mein Bier übergeschüttet.

Pure Angst

Eifersucht hat ganz wenig mit Liebe zu tun, und doch tauchen Eifersucht und Liebe meist gemeinsam auf. Jeder hat schon mal Eifersucht gespürt, dieses nagende Gefühl. Eifersucht erinnert daran, dass man kein Gewohnheitsrecht auf den Geliebten hat, dass die Liebe nichts Selbstverständliches ist, dass man um die Beziehung auch kämpfen muss.

Dani, 15: Ich hab mal in seinem Adressbuch nachgeschaut, ob er 'ne neue Nummer drinstehen hat, und hab mich dafür ziemlich geschämt. Andererseits – ich hatte auch mal was mit 'nem anderen, so rumgeknutscht – und was ich kann, bringt er vielleicht auch, oder?

Hinter Eifersucht steckt die Angst, den anderen zu verlieren. Weil man sich vielleicht vor dem Alleinsein fürchtet. Weil man sich vielleicht nicht attraktiv genug findet und nicht wert, geliebt zu werden. Je stärker die Eifersucht, desto gigantischer auch die Angst, Unsicherheit und Abhängigkeit. Wenn du fürchtest, deine Welt stürze ein, wenn dich dein Freund verlässt, ist auch die Eifersucht besonders mächtig. Eifersucht ist Gift, in kleineren Dosen nicht gefährlich, aber zu viel davon tötet eine Partnerschaft.

Krankhafte Eifersucht

Eifersucht ist nicht nur unangenehm für den Eifersüchtigen, der sich für sein Hinterherspionieren hasst und immer mehr an Selbstachtung verliert. Sondern auch für den Partner, dem mit Misstrauen begegnet wird. Darfst du nun deinen Schulkameraden umarmen, oder rastet dein Freund wieder aus? Manchmal ist Eifersucht krankhaft, wie ein Netz, das immer enger gezurrt wird. Selbst wenn du auf Umarmungen verzichtest – der Eifersüchtige wird bald deine Blicke zu intensiv, bald dein Dekolletee zu tief und

dein Lachen zu aufreizend finden. Dann führt Eifersucht zu dem, was der Eifersüchtige mit allen Mitteln verhindern wollte: zum Scheitern der Partnerschaft. Bist du eifersüchtig, dann überprüfe erst einmal genau, ob du tatsächlich Grund dazu hast. Nicht die Horrorbilder in deinem Kopf zählen, sondern allein das, was wirklich passiert ist. Erzähl ihm von deinen Gefühlen. Frag ihn, ob er wirklich so sehr an dem Mädchen interessiert ist, wie du glaubst. Sag ihm, dass du Angst hast, ihn zu verlieren, und dass es dich verletzt, wenn er mit anderen Mädchen herumturtelt.

TREUE

Treue ist für viele Menschen ganz wichtig, für Erwachsene ebenso wie für Mädchen und Jungen in deinem Alter. Treue bedeutet so viel wie, sich auf den anderen verlassen zu können. Treue ist ein Stück Sicherheit. Denn es ist nicht nur anstrengend, sondern auch aufreibend, jemanden immer wieder neu erobern zu müssen.

Mit Untreue meinen die meisten sexuelle Untreue. Doch wo fängt Untreue an? Ist es der tiefe Blick, der Flirt, das Küsschen auf die Backe oder der Zungenkuss? Für fast alle ist es Untreue, mit einem anderen Menschen Sex zu haben. Wahrschein-

lich ist die Verletzung deshalb so groß, weil sich der Geliebte so nackt, verletzlich und intim gezeigt hat, wie er es sonst nur bei der Partnerin tut. Das zerreißt innerlich.

Daneben gibt es auch die gefühlsmäßige Untreue: Der Partner hat eine tiefe Beziehung zu einem Dritten, doch ohne mit ihm ins Bett zu gehen. Männer und Frauen reagieren unterschiedlich: Nach einer Untersuchung fanden Männer es schlimmer, wenn ihre Partnerin Sex mit einem anderen Mann hat. Während Frauen eher die Vorstellung verletzte, ihr Geliebter könnte mit einer anderen Frau eine tiefe emotionale Beziehung eingehen.

Untreue hat Gründe

Es kann pure Lust sein oder der Wunsch nach Selbstbestätigung: Mal sehen, ob ich noch attraktiv bin. Selbst Angst vor zu viel Nähe kann dahinterstecken: Wenn ich mit jemand anderem anbandele, rücke ich ein Stück weg. Manchmal ist der Grund auch Unzufriedenheit mit der eigenen Beziehung. Der Seitensprung wird vielleicht zum Absprung.

Untreue kann aber auch Anlass dazu geben, das eigene Verhältnis unter die Lupe zu nehmen.

> *Hallo Schatziiiiäääh, lass es mich erklären. Es ist nicht das, von dem du glaubst, dass es das ist, wofür du es halten könntest, weil... ... .*

Trauer hält nicht ewig

Du starrst dumpf vor dich hin, nicht mal mehr Tränen kommen. Du bist leer geweint. Ihr seid auseinander – unwiderruflich. Du vergräbst dich in deinem Zimmer. Liest noch mal all die vielen Seiten in deinem Tagebuch, als ihr zwei euch verliebt habt. Du schaust dir eure Fotos an: knutschend auf dem Bahnhofsautomatenbild, der Schnappschuss von eurem Städtetrip oder das Foto von vier nackten, ineinander verschlungenen Füßen. Dieser Schmerz tut sogar körperlich weh. Dir kommt's vor, als würde die Welt nur aus Liebespaaren bestehen, die sich umarmen, knuddeln und küssen. Du könntest die Welt mit Füßen treten.

Liebeskummer tut weh – überall. Es ist nicht nur der große Verlust eines Menschen, den du furchtbar lieb gehabt hast. Es ist auch ein Sturz ins Bodenlose, fallen, fallen, nicht mehr aufkommen. Ihr beide, ihr wolltet euch doch nie loslassen, komme was wolle. Das ist wie Entzauberung. Die größte Liebe, die ist offensichtlich doch nur begrenzt haltbar. Jemals einen anderen lieben so wie ihn? Nie und nimmer.

Auch wenn du jetzt heftig den Kopf schüttelst: Deine Trauer wird mit der Zeit kleiner werden. Wein dich aus, hol die Erinnerungen ganz nah zu dir, schau sie

genau an und guck ihnen fest in die Augen, damit sie dich nicht irgendwann hinterrücks überrumpeln. Du wirst sehen: Bald kannst du Erinnerungsstücke auch wegpacken. Richte keinen Altar mit Liebesbriefen, Fotos, eurem Freundschaftsring und der verwelkten roten Rose in deinem Zimmer ein. Verstaue all die Sachen dort, wo du sie nicht täglich vor Augen hast. Lass dich von deinen Freundinnen trösten.

Die Phasen einer Trennung

Trennungsschmerz folgt Regeln. Das ist auch beruhigend. Denn irgendwann hört das Fallen ins Bodenlose auf. Nach dem Schock und dem Nicht-wahr-haben-Wollen, dass es aus ist, folgt ein Hexenkessel der Gefühle: unbändige Wut, schiere Verzweiflung, Selbstzweifel, Angst, Rachegedanken. Danach lässt der größte Schmerz nach. Es grummelt noch in deinem Bauch, wenn du dich erinnerst. Aber es gibt immer mehr Zeiten, in denen du gar nicht an ihn denkst. Dann hat dich auch das Leben bald wieder. Du kannst dir sehr nüchtern anschauen, dass eure Liebe nicht aus heiterem Himmel zerbrochen ist. Es funktioniert aber nicht, eine dieser Phasen überspringen zu wollen. Jede Trennung ist auch eine Chance. Du hättest dir niemals einen Tritt in den Hintern gegeben und dich im Volleyball-verein angemeldet, hättest niemals den Mut gehabt, allein auf eine Party zu gehen, hättest dich niemals getraut, im Mädchentreff vorbeizuschauen. So viel Neues wartet – nur auf dich.

Solo

Solo zu sein kann manchmal sehr befreiend sein. Man hat viel Zeit für sich selbst, kann tun und lassen, was man will. Man kann flirten, ohne dass es einem Partner missfällt, man kann jeden Tag im Fitness-studio trainieren, ohne dass sich der andere zurückgesetzt fühlt. Man kann stundenlang mit der besten Freundin quatschen, ohne dass ein anderer wartet. Unter einer Voraussetzung: Solo zu sein ist nur dann schön, wenn du's freiwillig bist. Wer sich nach Zweisamkeit sehnt, kann dem Alleinsein wenig abgewinnen. Umso drückender wiegen dann die neun Gebote:

DIE NEUN GEBOTE

I
Du musst umwerfend aussehen.

II
Du sollst immer gut drauf sein.

III
Du musst selbstbewusst sein.

IV
Du sollst erfolgreich sein.

V
Du musst irre viele coole Freunde haben.

VI
Du musst in deiner Freizeit
etwas ganz Ausgeflipptes machen.

VII
Du sollst ständig unterwegs sein.

VIII
Du sollst einen gut aussehenden,
erfolgreichen, umwerfenden Freund
haben, und ihr müsst wahnsinnig
verliebt ineinander sein.

IX
Du darfst nicht allein sein.

Die neun Gebote stehen natürlich nirgendwo geschrieben – außer in vielen Köpfen, dort sind sie wie eingemeißelt. Wer's nicht schafft, gilt als Versager. Alles muss super sein: Zukunftspläne, der Beruf, der Freundeskreis, die Partnerschaft. Allein zu sein und kein Rudel Freunde um sich zu haben, das ist ein Tabu: Darüber spricht man nicht. Allein zu sein kann wehtun.

Klar weiß ich, dass ich allein viel wert bin. Ich brauch ja auch keinen, um mich größer zu machen. Aber Teddybär reicht eben nicht. Ich will jemanden zum Schmusen, jaja, zum Knuddeln, für die Lust, aber nicht nur. Zum Köpfe-Zusammenstecken und Lachen, zum Anlehnen und Ins-Kino-Gehen, dass einer sagt: Du, ich gehör zu dir. Der sagt: Komm mit zu meinen Freunden, ich bin stolz auf dich. Hab ich vielleicht 'n Stempel auf der Stirn: „Bitte nicht berühren!"

Ich will auch mal die Welt umarmen und dieses Kribbeln spüren, mit hochrotem Kopf Unsinniges erzählen und nur Augen für ihn haben. Einer, der zu mir hält und mir die Daumen hält, ach ich, ich wäre auch gern mal zu zweit!

VON LUST UND NOCH VIEL MEHR

DAS ERSTE MAL

Ihr knutscht, bis die Lippen summen. Dein ganzer Körper ist verliebt, pulsiert, klopft und taumelt. Einmal wär „es" fast so weit gewesen. Du wünschst dir, dass es ganz toll wird, wenn ihr miteinander schlaft, und willst ja nichts falsch machen. Und schon rumpelt alles in deinem Kopf, was du gelesen und gehört hast.

Beim ersten Mal, da kann's doch passieren, dass sein Penis auf einmal klein wird, oder? Soll ja vorkommen. Entspannen soll man sich dabei, na prima. Ist doch kein autogenes Training. Außerdem soll das Mädchen nicht steif wie ein Brett daliegen. Aber irgendwie erscheint's dir auch albern, unkontrolliert mit dem Kopf zu zucken und sich aufzubäumen wie ein Fisch an Land. Überhaupt die Vorbereitung: Kerzen anzünden, Schmusemusik auflegen, Telefon aushängen. Sich gegenseitig langsam ausziehen. (Ist ja wie Weihnachten und Geschenke auspacken.) Zärtliche Streichelmassage, Slow Sex, Tantra, Kamasutra. (Gibt's dafür einen Volkshochschulkurs?) Aber du bist auch schrecklich neugierig, du willst endlich das Geheimnis der Erwachsenen lüften.

Es ist gut, eine Menge über Sexualität zu wissen, aber sie zu erleben, ist noch mal was anderes. Sex gibt's auch ohne Liebe, Sex ist manchmal wie „naja". Sex ist nicht nur eine Frage der richtigen Technik. Sondern vor allem eine Frage der Lust.

A ls Jule heulte

Irgendetwas war los mit Jule. Aber Jule zu drängen, nutzte nichts. Ich versuchte derweil, mit dem Eyeliner mein Lid zu treffen. Das sah etwa so aus, als sei ein Traktor in den Graben gerutscht. Aber nicht mal das merkte Jule heute.

„Mensch, Lissy, ich glaub, ich bin frigide." Jule und frigide? Die aufgeklärte Jule? Und dann heulte Jule.

„Ich komm nicht." So viel konnte ich unter der Schluchzerei noch verstehen. Kommen oder nicht kommen, das war wie Sein oder Nichtsein, hatte Jule ständig gepredigt. „Stell dir vor, der Typ hat immer einen Orgasmus, und du bleibst mittendrin hängen." Kein Mensch konnte das wollen. „Dabei bemüht er sich so süß." Und dann flüsterte Jule was von Reiterstellung, Schaukel, Wiege und 69. Langsam dämmerte es mir. Chris probierte mit Jule sämtliche Stellungen durch, damit Jule endlich einen Orgasmus bekam. Jule tat mir Leid. Das war ja so, als ob man die Sex-Tipps der *Bravo* aus den letzten zehn Jahren in einer Woche austestete. Grässlich.

„Aber wenn du's selbst machst, dann klappt's doch. Dann bist du auch nicht frigide. Weiß er, wie du's schön findest?" Jule sagte sonst immer: Sich auf die Anatomiekenntnisse von Männern zu verlassen, hieße, in der Wüste auf 'ne Cola zu warten.

„Aber Chris ist das noch nie passiert – mit anderen." Jule zog den Rotz hoch und schniefte.

„Ja, glaubt er denn, Mädchen reagieren alle gleich? So wie sein dämliches Motorrad? Ein paar Knöpfe drücken und schon läuft die Maschine. Du willst doch nicht für die Sex-Olympiade trainieren? Es soll doch Spaß machen."

Jule guckte mich an und putzte sich die Nase. „Du hast Recht. Das muss sich ändern."

Plötzlich schrie sie „Liiiiiiissy", ich dachte, gleich fällt sie mir um den Hals, „wo hast du dir denn den Eyeliner hingeschmiert?" Gott sei Dank! Jule war wieder ganz die Alte.

VON LUSTMACHERN UND LUSTTÖTERN

Sorry, Rezepte für richtigen Sex gibt's nicht. Schöner Mist, denkst du, nix zum Festhalten, nix zum Nachahmen.
Im Gegenteil: Ohne Anleitung kann man auch nichts falsch machen. Ein spontanes „ich möchte mit dir schlafen" kann vielleicht aufregender sein als die geplante Zeremonie.

Lustmacher spielen sich aber nicht nur auf der Haut ab, sondern auch darunter. Sprich: Es kommt nicht nur darauf an, ob ihr es erotisch, aufregend und geil findet, euch anzufassen. Wichtig ist auch das Gefühl der Sicherheit: Jemand hat mich lieb, so wie ich bin – mit meinem schnodderigen Mundwerk und den strubbeligen Haaren. Ich bin jetzt in dem Moment einzigartig, nicht austauschbar. Der andere verletzt mich nicht und ich nicht ihn.

Vielleicht ziehst du dir blitzschnell deine Klamotten aus und krabbelst unter die Decke? Na und? Hat einer gesagt, dass es einem so nackt nicht peinlich sein darf? Vermutlich wird er erleichtert zu dir kriechen. Streichelt euch, wo immer ihr wollt, küsst euch, bis die Lippen brummen. Macht all das, was ihr die ganze Zeit schon toll fandet und geht ein Stückchen weiter – oder auch nicht.

Lusttötend ist es auf jeden Fall, wenn ihr beide nicht verhütet (siehe Seite 96). Wenn du ohne Kondom oder ein anderes Verhütungsmittel mit einem Jungen schläfst, kannst du sicher sein, dass deine Gedanken viel weniger um erogene Zonen als um volle Windeln kreisen. Oder der „Kater" erwischt dich danach. Du bibberst und zitterst, dass deine Monatsblutung endlich kommt. Die schönen Erinnerungen können dann schnell verblassen.

KLAPP

Das erste Mal ...

... als du eine Zigarette rauchtest, wurde dir schwindlig.

... als du auf dem Siegertreppchen standest, warst du mordsstolz.

... als du einen Liebesbrief öffnetest, warst du gespannt wie ein Flitzebogen.

Für dich gab's vermutlich schon viele erste Male: der erste Zungenkuss, das erste Verliebtsein, das erste Mal Fummeln, das erste Mal einen Penis anfassen, das erste Mal an deiner Scheide berührt werden.

Das erste Mal miteinander zu schlafen kann von allem etwas sein: Du bist gespannt, neugierig und vielleicht auch etwas ängstlich. Aber das geht den Jungs nicht anders. Unter dem „ersten Mal" wird meist verstanden, wenn der Penis erstmals in die Scheide hineinkommt. Doch Sex hattet ihr vermutlich schon viel öfter.

Wenn das Jungfernhäutchen (siehe Seite 127) nachgibt, kann es sein, dass du blutest. Oft sind es nicht mehr als ein paar Tropfen. Vielleicht ziept und schmerzt es auch am Anfang, und deine Scheide fühlt

sich hinterher noch etwas wund an. Wenn du sehr erregt bist, wird deine Scheide feucht, und das Eindringen tut kaum weh. Ob deine Scheide feucht ist, spürst du selbst, zum Beispiel mit deinem Finger. Wenn du das Verlangen hast, du möchtest den Penis deines Freundes jetzt spüren, kannst du es ihm sagen oder zeigen. Wichtig ist, dass ihr beide behutsam miteinander umgeht.

In vielen Ländern der Welt hat das Jungfernhäutchen eine andere Bedeutung als hierzulande. Es ist dort sehr wichtig, dass das Mädchen als Jungfrau in die Ehe geht. Aber auch in westlichen Ländern gibt es

Nadine, 19: Nach dem ersten Mal dachte ich: Mensch, das müsste mir doch jetzt jeder ansehen. Irgendwie wartete ich auch auf das Gefühl, eine völlig andere zu sein: reifer, überlegener. Wahnsinnige Erregung, nein, die hab ich wirklich nicht gespürt. Es ging ziemlich schnell, war ziemlich unromantisch und hat kein bisschen wehgetan.

eine kleine Bewegung von jungen Frauen und Männern, die mit dem ersten Mal Miteinanderschlafen warten möchten, bis sie den oder die Richtige/n fürs Leben gefunden haben.

Ohne Lust nur Frust

Ob ihr euch küsst, ob ihr fummelt oder miteinander schlaft – ganz egal: Hier gibt's keine Regeln. Nur eine einzige: Lust – aufeinander und zwar zur selben Zeit (das soll tatsächlich öfter vorkommen). Deswegen gibt's auch keine Richtlinie, wie lange man sich schon kennen muss, um miteinander schlafen zu dürfen. Manche bevorzugen den Bummelzug, andere ziehen den Express vor. Für viele Mädchen und Jungen in deinem Alter ist es sehr wichtig, sich zu lieben. Ohne Liebe mögen sie keinen Sex, das hat für sie etwas von einer unpersönlichen „schnellen Nummer".

Anna, 18: Ich wollte es jetzt einfach wissen, hatte überhaupt keine verklärten Vorstellungen davon. Er ist in mich reingekommen, und es war einfach schön. Nur kurz vor meinem Orgasmus klopft's an die Zimmertür: ‚Das Essen ist fertig.' Seine Mutter. Naja, das fand ich schon daneben.

Weil Liebe aber nicht nur mit überschwänglichen Gefühlen, sondern auch mit Achtung und Respekt zu tun hat, ist Freiwilligkeit das oberste Gebot: Überrumpeln gilt nicht. Vielleicht habt ihr ganz wild miteinander geschmust, und der Schritt zum Miteinanderschlafen scheint ein klitzekleiner, aber auf einmal magst du nicht mehr. Das muss dein Freund akzeptieren. Überredungsversuchen solltest du Kontra geben.

FALSCH GEDACHT

99 Mir tun dann aber die Eier weh. 66

Er hat vermutlich ein uraltes Aufklärungsbuch erwischt. Du kannst ihm erklären, dass es sich bei seinen Geschlechtsorganen nicht um einen Dampfkessel handelt, bei dem sich der Druck ein Ventil sucht, um Dampf abzulassen. Beruhige ihn, wenn er fürchtet, ohne Orgasmus bleibe sein Penis nun für immer steif: Was sich aufregt, regt sich auch wieder ab.

99 Erst willst du und dann hast du auf einmal keine Lust mehr. 66

Mach ihm den Unterschied zwischen dir und der Bundesbahn klar. Nur bei der Bundesbahn darf man erwarten, dass der Zug nach Kleckersdorf auch tatsächlich in Kleckersdorf landet.

99 Andere Mädchen stellen sich nicht so an. 66

Du kannst dich natürlich revanchieren und ihm sagen, dass du an Philipp, Benjamin und Francesco geschätzt hast, dass sie deine Grenzen respektierten. Du könntest ihn auch um die Telefonnummern seiner Exfreundinnen bitten, weil du dir alles gern von zwei Seiten anhörst. Du hast aber auch die Möglichkeit, ihm klarzumachen, dass nicht alle Menschen alle Dinge gleich toll finden und du den Teufel tun wirst, etwas gegen deinen Willen über dich ergehen zu lassen.

PERFECT SEX

Der perfekte Sex ist Stoff für Filmchen und Heftchen, aber nicht für die Wirklichkeit. Jungs glauben oft, ein perfekter Liebhaber kann immer, will immer und macht die Frau überglücklich. Mädchen sind häufig der Meinung, eine perfekte Liebhaberin kann immer, will immer und macht den Mann überglücklich. Bloß kein Stress. Wer beim Sex immerzu daran denkt, seinen Bauch einzuziehen oder eine angemessene Zeit am Ohrläppchen des anderen zu lutschen, vergisst womöglich das Genießen. Sex muss kein Bums-Marathon sein. Es handelt sich hierbei auch nicht um eine Beerdigung, bei der Lachen streng verboten ist.

Verschnaufpause

Wenn ein Kondom weggeflutscht ist – auch keine Blamage. Dann nehmt ihr das nächste. Es kann sein, dass du vor lauter Aufregung trocken wirst und sein Penis weich. Dann haben eure Körper einfach signalisiert, dass ihr euch etwas mehr Zeit nehmen solltet. Die Lust kommt wieder – keine Bange.

Vielleicht ist dein Freund von all dem Neuen so begeistert, dass er sofort zum Orgasmus kommt. „Das soll schon alles gewesen sein?", ist ein Gedanke, der manchen Mädchen dann durch den Kopf geht. Aber mit einem Samenerguss ist das Liebemachen ja nicht abrupt zu Ende. Ihr könnt eine Pause einlegen. Oder du sagst ihm: „Jetzt bin ich an der Reihe", und er streichelt dich mit dem Mund oder den Fingern an deiner Scheide und dem Kitzler, bis du vor lauter Lust einen Orgasmus hast. Kann sein, dass sich sein Penis wieder reckt. Dann könnt ihr noch mal miteinander schlafen, wenn ihr möchtet. Manche Jungen befriedigen sich selbst, bevor sie ihre Freundin treffen. Dann sind sie nicht gleich ‚hin und weg' und haben mehr Ausdauer. Ihr könnt aber auch eine andere Stellung ausprobieren. Beispielsweise wenn du oben liegst, ihr euch ganz langsam bewegt oder auch ein paar Momente still haltet.

Nicht rätseln, sondern reden

Lust lässt sich nicht drängeln. Sie lässt sich nicht kommandieren und nicht befehlen. Null Bock kommt vor. Es ist einfach so. Nervig kann es sein, wenn einer öfter Lust hat als der andere. Aber Sex ist auch kein Duell, bei dem einer kapituliert. Da hilft nur: drüber reden.

Über Sex zu reden ist etwas anderes, als zum Zahnarzt zu gehen: Es tut nicht weh, wenn man den Mund aufmacht.

Vielleicht möchtest du nach dem Miteinanderschlafen noch gern mit deinem Freund schmusen und denkst, es hat ihm nicht gefallen, weil er gleich aus dem Bett springt. Miteinander zu schlafen funktioniert nicht so, dass man sich erst in die Augen sieht, dann in die Arme fällt und schließlich zu Füßen liegt. Sex hat viel mit Kennenlernen zu tun. Was magst du, was mag dein Freund, was findest du schön, was er, worauf fährst du ab, worauf er?

Missverständnisse lassen sich besser verhindern oder aus dem Weg räumen, wenn man darüber spricht. Klar, es ist schwer, darüber zu reden, und vielleicht druckst du erst rum. Wichtig ist aber nur, dass er versteht, was dir wichtig ist. Überleg dir einfach, in welcher Form du selbst etwas annehmen könntest, ohne gekränkt zu sein.

Solo-Sex

Masturbation, Onanie – das hört sich alles verquer an. Das klingt entweder nach mechanischer Hebeapparatur oder einem ausgestorbenen Indianerstamm. Selbstbefriedigung, ein anderes Wort, hört sich auch seltsam an, so nach Bescheidenheit und Genügsamkeit. Dabei hat etwas, was schön ist, auch ein schönes Wort verdient: Solo-Sex.

Überhaupt scheint mit der Sprache etwas nicht in Ordnung zu sein, „sich einen runterholen", „wichsen", das wird nur für Jungs verwendet.
Ja, wie? Und Mädchen? Die tun's auch – und wie. Oder sie lassen es bleiben. Auch in Ordnung.
Solo-Sex ist weder Ersatz, weil du gerade keinen Freund hast, noch ein Trainingsprogramm für die Stunden zu zweit. Sondern einfach dazu da, es sich gut gehen zu lassen. Also: für die pure Lust. Etwas, was dir ganz allein gehört. Du musst auf niemanden Rücksicht nehmen – der reine Egotrip.
Manche Mädchen streicheln sich mit dem Finger um oder über den Kitzler, andere mögen es zusätzlich, etwas in der Vagina zu spüren, beispielsweise einen Finger. Die Lust kann so groß werden, dass du einen Orgasmus bekommst. Manche finden es aufregend, die Beine fest zusammenzupressen, andere spreizen sie. Manche Mädchen lieben es, dabei ihre Brüste anzufassen, andere klemmen sich ein Kissen zwischen die Beine, manche lesen dabei ein erotisches Buch oder lassen einen erregenden Film im Kopf ablaufen.

Katharina, 17: Ich hab manchmal an den kuriosesten Orten Lust, mich anzufassen. Zum Beispiel in einer Umkleidekabine im Kaufhaus. Vielleicht weil dort Spiegel sind, in denen ich mich anschauen kann.

Die Gedanken sind frei

Dabei können Leinwandhelden die Hauptrolle spielen oder dein Freund, ein Mädchen oder zwei, drei Männer oder vier, vielleicht sind sie auch völlig gesichtslos, und bedeutend ist nur, dass sie auf dich abfahren. Egal, was du dir ausdenkst, wichtig ist, dass es dir Lust macht. Fantasien spielen sich im Kopf ab, also an einem sicheren Ort. Vielleicht machen dir deine Fantasien Angst, und du denkst, du bist pervers oder gestört, weil du dir etwas vorstellst, was du in Wirklichkeit nie und nimmer erleben möchtest, weil es jemanden anderen verletzt, dir Schmerzen zufügt oder schlicht peinlich ist. Fantasien sind immer okay und beileibe kein kleiner Wink, dass du fremdgehen willst oder all das in der Realität erleben willst. Hey, die Gedanken sind frei.

Laura, 16: Am Anfang wollten mein Freund und ich immer voneinander wissen, ob sich der andere selbst befriedigt hat. Dann haben wir darüber gegrübelt, ob an unserer Beziehung etwas nicht stimmt. Das ist Quatsch. Wenn ich Lust habe, mach ich's.

Zärtlich zu dir selbst

Frauen und Männer streicheln sich, Mädchen und Jungs, aber nicht alle. Vielleicht findest du das schauderhaft, weil du nicht im Traum daran denkst, dich selbst anzufassen. Musst du auch gar nicht. Keiner sagt, dass man's tun muss, nur die, die's tun, finden's schön. Vielleicht hast du ein schlechtes Gewissen, so als ob du deinem Freund etwas wegnimmst, als ob du ihn betrügst. Es ist aber nichts anderes, als sich selbst zu beachten. So wie du dich in einem Schaumbad räkelst, dich eincremst, dich schön machst – nur noch viel lustvoller. Vielleicht denkst du auch, nur Miteinanderschlafen ist richtiger Sex. Es gibt ganz viele Möglichkeiten, sich Lust zu bereiten, zu zweit oder zu mehreren. Oder eben allein. Das ist nur eine andere Art, Sexualität zu genießen.

Ein irres Feeling

Shere Hite, eine US-Amerikanerin, die viel über das sexuelle Erleben von Frauen forschte, fand heraus, dass lediglich 30 Prozent der Frauen beim Miteinanderschlafen einen Orgasmus haben. Aber ganz viele Frauen erleben beim Solo-Sex einen Höhepunkt. Er kann anders sein, intensiver, weil Frauen ihren Körper besser kennen als ein Mann, weil sie sich so schnell oder so langsam, so fest oder so sanft streicheln, wie sie's gerne mögen. Vielleicht ist das der Grund für das schlechte Gewissen. Aber muss man deswegen ein Vergnügen opfern? Außerdem: Es ist eine prima Möglichkeit, herauszufinden, welche Berührungen du selbst magst. Dann weißt du vielleicht auch, dass es zwar angenehm ist, beim Miteinanderschlafen die Beine um seinen Rücken und Po zu schlingen, aber richtig lustvoll erst dann, wenn du deine Schenkel zusammenpresst.

Birgit, 15: Neulich habe ich auf dem Fahrrad noch ein paar extra Runden gedreht, ein himmlisches Gefühl, der Sattel zwischen den Beinen. Das funktioniert natürlich nicht immer.

Anno

Im 18. Jahrhundert wurden viel Papier und Tinte darauf verwendet, die Jugend an der Masturbation zu hindern. Angeblich wuchs man nicht mehr, wurde von Impotenz, Hysterie, Epilepsie, Ohnmachtsanfällen und Rückenmarksschwindsucht befallen. Weil Federbetten angeblich die Lust reizten, sollten Jugendliche auf Keuschheitsmatratzen mit Rosshaar schlafen. Wer besonders verdächtig erschien, bekam Handschuhe mit Metallspitzen angezogen. Besonders übel waren Apparate, die Jungen um die Genitalien geschnürt wurden,

dazumal

kleine Käfige, innen mit Spitzen versehen oder mit Glöckchen, die bei einer Erektion die Eltern alarmierten. Bis zum 19. Jahrhundert hatte man sich hauptsächlich auf die Jungs gestürzt. Dann scheute man sich auch bei Mädchen nicht, ihre Geschlechtsorgane zu verletzen und zu verstümmeln, um Selbstbefriedigung zu verhindern.

Heute behauptet kein klar denkender Mensch mehr, dass Selbstbefriedigung schädlich ist. Ob, wie oft, wann und wieso – das ist eine Frage der Lust, sonst nichts.

Orgasmus

Der Orgasmus ist wie ein Vulkanausbruch, ein Feuerwerk, eine Explosion, bei der man verglüht. Beim Orgasmus stürzen die Sterne vom Himmel, gerät die Welt aus den Fugen, verliert man die Besinnung, gerät man außer sich, kratzt und schreit vor Lust.

Kein Wunder, wenn die Enttäuschung dann groß ist, weil er nicht zur Bewusstlosigkeit führte. Der Orgasmus ist der Höhepunkt sexueller Erregung und kann sich ganz unterschiedlich anfühlen. Mal ist er wie eine große, warme Welle, mal wie ein kräftiger, energischer Galopp, mal zielstrebig, mal unentschlossen, mal verhuscht, mal satt, mal unaufhaltsam, mal bombastisch, mal bescheiden, mal kommt er auf leisen Sohlen daher, mal wie ein Blitz.

Hauptsache schön

Wichtig ist gar nicht, wie der Orgasmus zu Stande kommt. Ob dadurch, dass sich Penis und Scheide miteinander bewegen, mit der Zunge oder den Fingern deine Klitoris berührt wird, ob selbst gemacht oder mit jemand anderem, ob gleichzeitig oder nacheinander – Hauptsache, es ist schön. Es gibt keine „richtigen" oder „falschen" Orgasmen.

Manche Paare bekommen gleichzeitig einen Orgasmus, für sie ist es etwas ganz Besonderes. Andere lieben es, nacheinander zu kommen, um den eigenen Orgasmus und den des anderen besser genießen zu können. Manche Frauen können mehrere Orgasmen hintereinander haben, andere fühlen sich schon nach einem einzigen Höhepunkt wunderbar zufrieden.

Ziel muss aber gar nicht der Orgasmus sein – nach dem Motto: erst ein bisschen fummeln, dann die Ekstase und nachher noch ein wenig kuscheln.

Sex kann ohne Orgasmus wunderschön und Sex mit Orgasmus kann mäßiger Durchschnitt sein. Der Orgasmus ist keine Voraussetzung dafür, sich nah zu fühlen. Und lieben kann man sich auch ohne Orgasmus.

Wichtig ist einfach, dass ihr euch wohl fühlt, bei allem, was ihr miteinander tut.

Vom Fallen lassen

Sicherlich hast du schon oft gehört, dass sich ein Mädchen entspannen, fallen lassen und hingeben soll, wenn sie einen Orgasmus haben möchte. Dieser Rat führt aber auf die falsche Fährte. Damit ist nicht gemeint, sich relaxed mit geschlossenen Augen zurückzulehnen und der Wunder zu harren, die da kommen. Bei sexueller Erregung ist dein ganzer Körper aktiv und lebendig. Da wäre es recht seltsam, wenn du dabei tatenlos bliebest.

Lustreise

Lust ist äußerst eigenwillig. Sie kommt angerauscht, wenn du eine erotische Szene in einem Film siehst oder wenn du jemanden küsst, wenn sich Fingerspitzen berühren oder du einfach an etwas wunderbar Auf- und Erregendes denkst. Kribbelig, watteweich, wunderschön – alles klar, aber auch dein Körper kommt in Aufruhr. Deine Scheide und deine Venuslippen werden feucht, durch die Blutzufuhr werden die Venuslippen dunkler und größer. Deine Atmung und dein Herzschlag werden schneller, deine Brustwarzen stellen sich auf. Der ganze Bereich deiner

Vagina ist durchblutet und pulst warm. Wer will jetzt schon aufhören? Keiner. Deine Klitoris hat in der Zeit auch nicht etwa gedöst, sondern sich vorwitzig gereckt – sie lechzt nach Berührung. Deine Muskeln spannen sich an, auch dein Po macht mit, und die Pobacken ziehen sich zusammen. Huch! Was ist passiert? Die Spitze der Klitoris hat sich unter ihre Haube zurückgezogen. Das ist kein Zeichen, dass ihr alles zu viel geworden ist. Sie ist vielmehr äußerst erregt. Sie will durchaus weiterhin berührt werden und wird auch möglicherweise durch einen Penis, der sich in der Scheide bewegt, stimuliert – indirekt, indem die Haut über der Klitoris hin- und hergeschoben wird.

Ich glaube, dass du da etwas gründlich missverstanden hast.

LUST REISE

Auf dem Höhepunkt

Jetzt kommt der Orgasmus, bei dem sich die Muskeln anspannen, der Körper kann richtiggehend steif werden und fast einen Moment innehalten. Beim Orgasmus ziehen sich die Muskeln in der Scheide sekundenlang rhythmisch zusammen. Du kannst es spüren, wenn du während deines Höhepunktes mit deinem Finger in die Scheide fasst. Manchmal strömt das Gefühl ins ganze Becken oder erfasst den gesamten Körper. Kurz vor dem Orgasmus gibt's einen Moment, bei dem du spürst, dass er kommt und nicht mehr zurückzuhalten ist (wie bei Jungs und Männern auch). Nach dem Orgasmus entspannen sich die Muskeln, Herzschlag und Atmung verlangsamen sich wieder, deine Brustwarzen werden weicher, die Klitoris schwillt wieder ab. Erst jetzt ist es Zeit zum Entspannen, du spürst ein Wohlgefühl. Vielleicht mögt ihr schmusen, einfach beieinander liegen und reden.

Auch bei Frauen (nicht immer und nicht bei allen) kann es beim Orgasmus zu einer Ejakulation kommen. Das ist aber eigentlich das falsche Wort, bezeichnet es doch den männlichen Samenerguss. Bei Frauen handelt es sich um eine Flüssigkeit, die aus der Harnröhre kommt, aber kein Urin ist. Ob mit Erguss oder ohne – das ist unerheblich für die Gefühle beim Orgasmus.

G-Punkt

Die Klitoris ist zwar der sexuell empfindsamste Bereich, aber nicht der einzig sensible Bereich deiner Scheide. Vielleicht hast du bereits von dem G-Punkt gehört. Er wurde nach dem Gynäkologen Ernst Gräfenberg benannt. Dabei handelt es sich um eine bohnengroße Geweberegion im Innern der Scheide, oberhalb der Scheidenöffnung in Richtung Bauch. Bei Erregung vergrößert sie sich. Es kann lustvoll sein, mit dem Penis oder dem Finger an dieser Stelle berührt zu werden, allerdings reagieren nicht alle Mädchen und Frauen darauf. Ganz egal, ob noch mehr „Punkte" entdeckt werden: Manche Mädchen und Frauen mögen die direkte Stimulierung ihrer Klitoris, andere an den Venuslippen, wieder andere lieben das Gefühl tief in ihrer Scheide. Völlig egal. Nicht alle mögen es gleich, so wie auch nicht jeder Junge oder Mann auf dieselbe Art berührt werden möchte.

Verzichten – nein danke!

Okay, Sex ist auch ohne Orgasmus schön. Aber doch nicht immer. Irgendwie kommt man sich vor, als sei man leer ausgegangen. Warum immer er und nicht auch mal ich? Verzicht passt in die Fastenzeit, aber nicht zum Sex. Nahezu alle Mädchen und Frauen können einen Orgasmus bekommen. Bekommst du keinen beim Miteinanderschlafen, musst du nun nicht denken, dass mit dir etwas nicht stimmt. Vielleicht bist du enttäuscht, dass dein Freund so schnell kommt und dann selig lächelnd einschläft. So schön es war, auf Dauer fühlt man sich benutzt. Vielleicht irritiert es dich auch, wenn er zwischendurch immer fragt: „Bist du bald so weit?" Miteinander schlafen ist kein Wettlauf. Auch klar: Der Höhepunkt lässt sich nicht erzwingen, du bist keine Bergsteigerin, die mit verzerrtem Gesicht und hochrotem Kopf erschöpft am Gipfelkreuz hängt. Wenn du beim Schmusen ständig daran denkst, „heute muss es aber klappen", dann passiert nichts anderes, als dass du dich ungeheuer unter Druck setzt.

Der Orgasmus ist keine Liebenswürdigkeit, die du erhältst – oder auch nicht. Kein Geschenk, das dir dein Freund freundlicherweise macht – oder auch nicht. So wie auch dein Körper lebendig wird, wenn du erregt bist, kannst du aktiv werden, um dir zu holen, was schön ist.

Wenn du weißt, was dir gut tut und was du schön findest, dann gibt es keinen Grund, es deinem Freund zu verheimlichen. Du kannst ihm zeigen oder sagen, was du magst und geil findest und musst dich nicht seinem Tempo unterordnen. Probiert miteinander aus, wie es für euch beide schön ist.

Eines ist allerdings keine gute Idee: ihm einen Orgasmus vorzuspielen, damit er sich gut fühlt. Ein vorgespielter Orgasmus ist Selbstbetrug – und wer beschwindelt sich schon gerne selbst?

Sex-Lexikon

Analverkehr: Dabei wird der Penis in den Po des Partners oder der Partnerin eingeführt. Das machen Schwule, aber nicht immer und nicht alle. Das machen auch Männer und Frauen, Jungs und Mädchen. „Auch das noch? Muss ich das auch bringen?" Du musst nicht, er muss nicht, keiner muss. Der After ist für manche Menschen etwas Schmutziges, den man nur auf dem Klo anfasst, aber auch dann nur mit Toilettenpapier zwischen den Fingern. Der After ist aber auch ganz empfindsam, und es kann Lust machen, ihn zu streicheln und zu berühren, mit dem Finger zu umkreisen oder hineinzufassen. Aber Vorsicht. Berührungen am After können wehtun. Lieber behutsam vordringen und mit Spucke etwas gleitfähiger machen. Sinnvoll ist es, beim Analverkehr ein Kondom zu benutzen.

Erogene Zonen: Da denkt jeder an Penis und Vagina, Busen, vielleicht noch Mund, Hals und Ohrläppchen. Erogen, das heißt, Berührung macht Lust. Der ganze Körper kann eine einzige erogene Zone sein. Vielleicht gibt's Zonenrandgebiete wie die Fußsohlen, wo's nur kitzelt. Wenn man jemanden sehr anziehend findet, kann sich der gesamte Körper in ein Lustzentrum verwandeln. Umgekehrt nützt auch die einfühlsamste Berührung an der sensibelsten Stelle nichts, wenn man jemanden nicht ausstehen kann.

Koitus: Das ist das lateinische Wort für sexuelle Vereinigung und meint im engeren Sinn, wenn sich Scheide und Penis zusammentun, also der Penis in die Vagina geführt wird oder anders gesagt: die Scheide den Penis empfängt. In der Umgangssprache gibt es viele Worte dafür: vögeln, bumsen, Liebe machen, eine Nummer schieben, miteinander schlafen, ficken. Manche hören sich eher nach einem Crash mit dem Auto an, klingen verächtlich oder sind doch etwas unpräzise. Denn miteinander schlafen hat ja wenig mit dösen zu tun. Es kommt aber immer darauf an, wer es wie und mit welcher Absicht sagt. Miteinander schlafen ist eine Art von Sex und nicht das Hauptgericht nach der Vorspeise.

Oralverkehr: Das ist Sex mit dem Mund und für manche wie Kuchen mit Sahne. Oralverkehr heißt, mit Mund, Lippen und Zähnen zärtlich zu sein. Das Mädchen kann den Penis des Jungen in den Mund nehmen, daran lecken und saugen, mit der Zunge umrunden (aber immer die Zähne einfahren, auf Beißen steht keiner). Das lateinische Wort ist Fellatio, umgangssprachlich heißt es „einen blasen". Allzu wörtlich sollte man das mit dem Blasen aber nicht nehmen – also: weder pusten, prusten noch hauchen. Das war's aber noch lange nicht. Umgekehrt: Der Junge liebkost mit dem Mund, der Zunge und den Lippen deine Scheide, deinen Kitzler und deine Venuslippen. Das nennt man auch Cunnilingus. Die Zunge ist manchmal zartfühlender als ein Finger. Das Mädchen kann die Zunge auch dirigieren, indem sie sich so bewegt, dass ihr Kitzler sanft umkreist wird oder indem sie sich der Zunge entgegenschiebt. Viele Mädchen und Frauen kommen durch die Stimulation mit dem Mund eher zum Orgasmus, als wenn sich der Penis in der Scheide bewegt. Oralverkehr ist keine Einbahnstraße. Ganz im Gegenteil. Zwei können sich auch gleichzeitig mit dem Mund liebkosen. Beispielsweise legen sie sich zueinander gewandt auf die Seite oder aufeinander, sodass der Junge ihre Scheide und das Mädchen seinen Penis lecken kann. Weil das aussieht wie eine 6 und eine 9, heißt die Stellung auch 69. Aber auch hier gilt: Tu nur das, was dir gefällt. Vielleicht magst du es nicht, es ist dir zu intim oder zu peinlich, weil du fürchtest, unangenehm zu riechen. Deine Scheide hat einen eigenen, natürlichen Geruch. Vielleicht hast du später einmal Lust darauf – oder auch nicht. Prima ist es natürlich, wenn beide Sex mit dem Mund schön finden. Seltsam aber dann, wenn der Junge zwar einen geblasen haben möchte, dich mit dem Mund an der Scheide aber nicht berühren will. Das hat dann weniger mit Sex als mit Bedienung zu tun. Auf keinen Fall ist es okay, wenn er versucht, gegen deinen Willen deinen Kopf in seinen Schoß zu drücken. Das musst du nicht mitmachen.

Petting: Ist alles, nur das eine nicht: der Penis kommt nicht in die Scheide. Petting ist das behutsame Tasten unter den Pullover, das vorsichtige Öffnen eines Reißverschlusses und vieler Knöpfe, eine Hand am Busen, am Penis oder den Venuslippen, zwei Münder überall, nackte Haut, viel Lust und Streicheln. Angezogen oder nackt, mit Orgasmus oder ohne, Entdeckungsreisen mit allen

Sinnen. Manche glauben, Petting sei kein richtiger Sex oder nur eine Art Vorspiel, um dann zum Wesentlichen zu kommen. Petting ist aber Sex wie zusammen schlafen, nur auf eine andere Art. Petting hat den Vorteil, dass ihr euch nicht über Verhütung Gedanken machen müsst. Aber Vorsicht: Wenn der Junge einen Samenerguss hatte und Samen mit dem Finger in deine Scheide gelangen, kannst du auch schwanger werden.

Stellungen: Sie sind für manche Menschen das A und O. Wenn sie nicht in jeder erdenklichen Variante Sex miteinander ausprobieren, fühlen sie sich wie Hinterwäldler. Ein Forscher hat sich mal die Mühe gemacht, unterschiedliche Liebespositionen zu zählen. Er kam auf knapp 90. Nichts gegen Experimente: Verschiedene Stellungen auszuprobieren, kann Spaß machen, sollte aber nicht dazu dienen, eine innere Liste abzuhaken. Es gibt die Missionarsstellung, bei der die Frau unten und der Mann oben liegt. Dabei kann man sich in die Augen schauen und sich küssen, allerdings sind manche Jungs davon so hin und weg, dass sie ganz schnell zum Orgasmus kommen. Außerdem wird die Klitoris dabei viel zu sehr außer Acht gelassen. Andersherum, also Mädchen oben und Junge unten, kann es für beide lustvoller sein. Sie kann sich auf ihn setzen, er kann ihren Busen dabei berühren, sie kann sich schneller oder langsamer bewegen, so wie es ihr Lust macht. Beide können sich auch gegenübersitzen, wobei das Mädchen auf seinen Schenkeln hockt. Wenn sich der Junge hinter das Mädchen legt, kann er sie am Kitzler streicheln. Manche Mädchen fassen ihre Klitoris dabei auch selbst an. Manche Menschen schlafen über Jahre auf die gleiche Art miteinander und sind zufrieden, andere glauben, nur etwas Neues bringt den Kick. Aber die Gleichung: je mehr Stellungen, desto größer die Lust, geht nicht auf. Ob im Stehen, von hinten, im Bett, auf dem Fußboden, in der Dusche oder auf der Wiese, egal, es gibt kein Muss, oder doch: Spaß machen muss es.

Kein Bisschen Schwanger

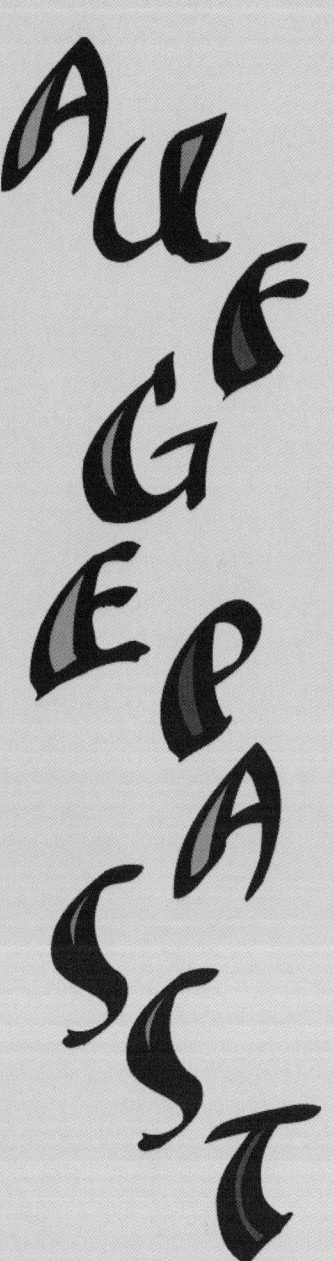

„Du, ich hab Lust auf dich." Da wird's einem ganz wohlig. Ob ihr miteinander schlaft, hängt davon ab, ob ihr beide jetzt und hier Lust aufeinander habt. Ihr könnt, müsst aber nicht. Wenn ihr wollt, müsst ihr aber an eines denken – Verhütung.

Möchtest du mal Kinder haben? Was für 'ne Frage. Vielleicht später, eins oder zwei. Theoretisch ist eine Frau aber etwa 30 bis 40 Jahre lang fruchtbar. Theoretisch richtet sich der Körper jeden Monat auf eine Schwangerschaft ein. Wenn man also keine Kinder plant, ist Verhütung angesagt. Und das ist meist Frauensache.

Ungerecht?

Stimmt. Die meisten Verhütungsmittel sind für Frauen. Das ist aber kein Grund für die Jungs, sich dezent im Hintergrund zu halten. Denn: Wenn beide wollen, immer erst was drüberrollen!

Kondome, Pariser oder – ganz vornehm: Präservative – egal, wie sie heißen, sie schützen vor ungewollten Schwangerschaften, Geschlechtskrankheiten und einer HIV-Infektion. Kondome sind das einzige Verhütungsmittel für Jungs. Aber nicht alles, was wie ein Kondom aussieht, erfüllt auch seinen Zweck und ist allenfalls als Mitbringsel zur Party brauchbar oder um die Großeltern zu schockieren. Die Loser unter den Präservativen sind Gag-Kondome, also Scherzartikel, und deshalb nicht zur Verhütung geeignet.

 **itparade der Loser: Gag-Kondome**

Fundom

Für den Tierfreund und alle, die auf Mickymaus stehen. Die Mäuseohren aus dem Comic haben auf dem Kondom aber nichts zu suchen.

Muscheln und Seesterne

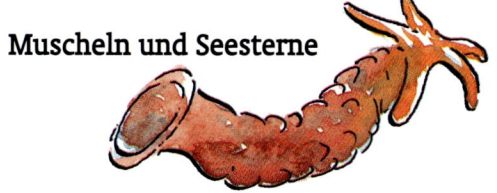

Für den Öko-Freak. Muscheln und Seesterne gehören aber ins Meer, und dort sollten sie auch bleiben.

Handbemalt

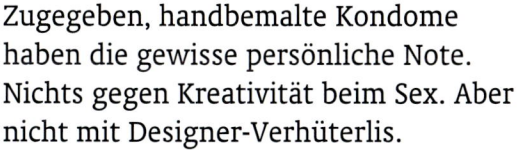

Zugegeben, handbemalte Kondome haben die gewisse persönliche Note. Nichts gegen Kreativität beim Sex. Aber nicht mit Designer-Verhüterlis.

Hut

Sicherlich bei jedem Kostümfest ein Hit. Das war's aber auch schon.

Leuchtkondom

Damit man den Partner im Dunkeln nicht stundenlang suchen muss, gibt's das Kondom, das leuchtet. Aber nur als Spielerei.

Noppen

Gerippt, gekräuselt, genoppt, gewellt oder gelockt – große Noppen sind nichts für geschützten Sex.

Wer Abwechslung braucht, für den sind die geprüften, farbigen Kondome mit Geschmack gerade richtig: von Erdbeere bis Tuttifrutti, gelbe, schwarze, rote und grüne, enge oder große.

DAS KONDOM

Roll das Präservativ mal auf, fülle Wasser hinein und verknote den Gummi. Schon klar. Das ist nur ein Gag. Aber daran kannst du erkennen, dass das Kondom aus hauchdünnem (0,03 bis 0,06 Millimeter), weichem Gummi gemacht ist, das sich prima dehnen lässt. Man spürt es also kaum beim Miteinanderschlafen. Das Kondom wird über den steifen Penis gestreift und fängt den Samen auf. Dadurch kann keine Samenflüssigkeit in die Scheide gelangen.

Wie's geht

Beim Öffnen der Packung keine Schere benutzen. Und wer das Kondom nur mit spitzen Fingern anfassen mag – auch okay. Aber Vorsicht bei spitzen oder eingerissenen Fingernägeln. Winzige Löcher sind mit bloßem Auge nicht zu sehen.

Mach doch mal den Bananentest: Schnapp dir eine Banane aus eurem Obstkorb, klemme sie zwischen deine Knie und rolle ihr ein Präservativ über. Die Banane ist eine geduldige Lehrmeisterin.

Zuerst die Luft an der Spitze des Kondoms rausdrücken (denn da soll ja Platz für die Samen sein), dann die Vorhaut des aufgerichteten Penis zurückziehen, den Gummi vollständig über den Penis abrollen – mit der Rolle nach außen – fertig. Falsch abgerollt? Dann auf jeden Fall ein neues Exemplar nehmen.

Weil der Penis nach dem Samenerguss kleiner wird, könnte das Kondom abrutschen – deshalb den Pariser beim Herausziehen festhalten. Kondome müssen benutzt werden, bevor der Penis die Scheide berührt. Also nicht: „Nur ganz kurz, ich will dich mal ohne das Ding spüren." Denn auch vor einem Erguss gibt es vorwitzige Samen, so genannte Glückstropfen, die schon mal herauslu-

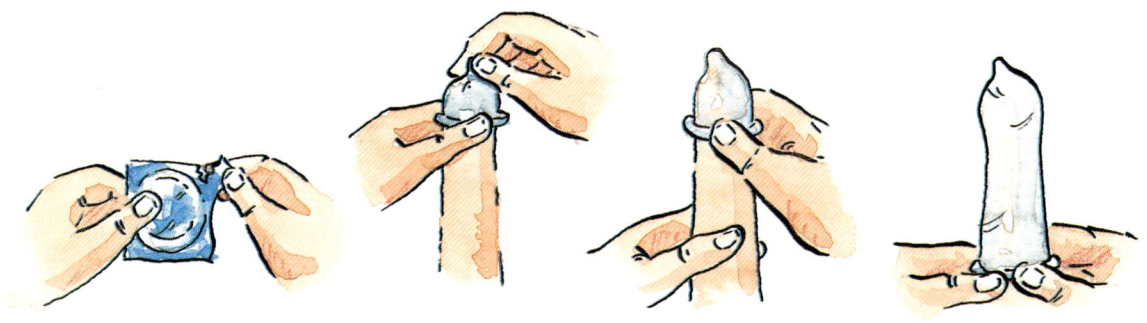

gen und – einmal in der Scheide – sich blitzschnell auf den Weg machen, um ein Ei zu befruchten (siehe Seiten 27 und 47).

Übrigens: Kondome nur einmal verwenden, also nicht auswaschen und auf die Leine hängen, nicht ins Klo, sondern in den Müll werfen.

Keine Scherzartikel

Kondome gibt's bei Pro Familia, in Apotheken, Drogerien, Kaufhäusern und Automaten. Ein Tipp: Je schmuddeliger der Automat wirkt, desto eher die Finger davon lassen. Möglicherweise sind die Kondome überlagert. Alte Kondome können porös sein. Deshalb muss man aufs Haltbarkeitsdatum achten.

Anett, 18: Ein Junge lehnte mal Kondome ab. Er meinte, er verträgt sie nicht. Das hat mich sauer gemacht. Das Problem der Verhütung wälzte er damit auf mich ab. Er ging nämlich ganz selbstverständlich davon aus, dass ich jeden Tag die Pille nehme.

Und noch eins: Affenhitze macht den Kondomen den Garaus. Sie sollten immer dort gelagert werden, wo Creme oder Zahnpasta aufbewahrt sind. Nein, auch nicht im Kühlschrank. Kein Sonnen- oder Massageöl als Gleitmittel verwenden. Fett greift das Material an.

Es empfiehlt sich, Kondome mit Reservoir (eine Art Auffangbehälter für die Samenflüssigkeit) zu benutzen. Zugelassene Kondome sind elektronisch überprüft und haben eine Chargennummer (Ch).

Doro, 21: Ich hatte einmal Angst, schwanger zu sein. Das reicht. Jetzt nehme ich die Pille. Mein Freund gibt die Hälfte der Kosten dazu. Find ich in Ordnung.

Praktisch, handlich, gut

Das Kondom hat viele Vorteile. Du musst es dir nicht vom Arzt verschreiben lassen, es passt in jede Tasche, du kannst es dann anwenden, wenn ihr miteinander schlafen wollt, der Rest der Packung wartet geduldig auf den nächsten Einsatz. Bei so vielen Vorteilen ist es eigentlich unbegreiflich, warum es noch überzeugte Kondom-Muffel gibt. Vielleicht gehört dein Freund auch dazu. Am besten ist, ihr sprecht mal darüber. Kondom-Muffel haben nämlich eine ganze Reihe von Ausreden parat.

Hitliste der Ausreden

Der Allergiker ist entweder ein Profi im Ausredenerfinden oder tatsächlich empfindlich gegen Latex (Test: Latex-Handschuhe aus der Apotheke zwei Stunden tragen und schauen, ob sich die Haut rötet). Es gibt Kondome aus dem Blinddarm von Schafen. Sie bieten den gleichen Schutz vor einer Schwangerschaft wie die Latex-Kondome, schützen aber nicht vor einer HIV-Infektion.

Der Chauvi hat nichts gegen Kondome, es sei denn an seinem besten Stück. Er kennt sich aus und bringt dir das Femidon mit. Das ist das Kondom für die Frau (es ist größer und knistert ein bisschen), das in die Scheide eingesetzt wird. Es verhindert ebenfalls, dass Samen in die Scheide gelangen. Wenn du noch nicht mit einem Jungen geschlafen hast und noch dein Jungfernhäutchen hast, kannst du es nicht verwenden. Außerdem: Das Kondom für den Mann ist leichter zu handhaben und praktischer.

Der Gesundheitsapostel findet alle Verhütungsmittel irgendwie ungesund und schädlich. Aber: Das Kondom hat keine Nebenwirkungen, anders als zum Beispiel die Pille.

Der Romantiker fürchtet um die Stimmung beim Sex. „Ich will nicht, dass uns etwas trennt", ist eine seiner beliebtesten Beschwörungsformeln. Kondome sind aber hauchdünn. Was ist es also, was stört? Das Schmusen zu unterbrechen und das Kondom rauszufummeln? (Ein Exemplar unterm Kopfkissen zurechtgelegt, spart Zeit.) Zu zweit geht's auch – und wenn es nicht gleich klappt: Humor ist, wenn man's noch mal versucht. Übrigens: Romantik, Lust und Stimmung sind völlig dahin, wenn du ständig dran denken musst, vielleicht schwanger zu werden.

Der Schüchterne würde ja gern, aber er traut sich nicht in die Apotheke. Du gibst ihm den Tipp, Papas Kondome aus der Nachttischschublade zu stibitzen oder drückst ihm drei Mark für Pariser aus dem Automaten in eurem Lieblingscafé in die Hand.

Der Ausgebuffte hat lieber kein Kondom parat, weil er denkt, dass sie vielleicht denkt, dass er denkt, er sei allzeit bereit, egal, wer mitmacht. Ganz schön kompliziert. Mal ehrlich: Die Situation ist doch blöder, wenn ihr Lust aufeinander habt und keiner hat was dabei, als wenn beide grinsend ein Kondom aus der Tasche ziehen: „Ich hab gedacht, für alle Fälle ..."

DIE PILLE

Wenn dir deine große Schwester verschwörerisch ins Ohr haucht „ich nehme die Pille", dann kannst du vermutlich auch ihren Stolz heraushören. Kein Mensch würde dir zuflüstern, gerade eine Tablette gegen die grässlichen Kopfschmerzen geschluckt zu haben.

Ich nehme die Pille!

Die Pille, nämlich die Antibabypille, ist für viele Mädchen auch ein Symbol für Erwachsensein, dazuzugehören, einen festen Freund zu haben.

Aber jetzt mal ganz nüchtern: Die Pille ist ein Arzneimittel zur Empfängnisverhütung. Sie gilt als das sicherste Verhütungsmittel, wenn sie nach Vorschrift eingenommen wird, und ist auch das Verhütungsmittel, das die meisten Mädchen und Frauen benutzen.

Wie's wirkt

Die Pille enthält künstlich hergestellte Hormone, die große Ähnlichkeit haben mit den weiblichen Geschlechtshormonen, die in den Eierstöcken gebildet werden: Östrogen und Gestagen (siehe Seite 26). Diese Hormone in der Pille sorgen dafür, dass der Eisprung nicht stattfindet. Außerdem wird verhindert, dass sich der Schleim am Gebärmutterhals verflüssigt. Dadurch sollen die Samenfäden nicht in die Gebärmutter eindringen können. Und noch ein Drittes: Die Schleimhaut in der Gebärmutter kann sich durch die Hormone in der Pille nicht mehr normal aufbauen. So kann sich ein befruchtetes Ei auch nicht einnisten.

Damit das auch tatsächlich funktioniert, muss die Pille regelmäßig eingenommen werden. Im Klartext: jeden Tag und zur selben Zeit.

Wie's geht

Es gibt viele verschiedene Pillenpräparate. Sie unterscheiden sich im Wesentlichen dadurch, dass Östrogen und Gestagen in unterschiedlich hohen Dosierungen enthalten sind. Die kombinierte oder Ein-Phasen-Pille hat die jeweils gleiche Menge der beiden Hormone. Diese Pille enthält 21 Tabletten. Die Wochentage sind auf der Packung aufgedruckt, damit du den Überblick behältst. Bau dir eine Eselsbrücke, damit du die Pille nicht vergisst: also zum Beispiel gleich nach dem Zähneputzen oder immer in der großen Pause. Am 21. Tag nimmst du die letzte Pille der Packung und machst eine Pause von sieben Tagen. In der Zeit bekommst du deine Blutung. Dann beginnst du mit der nächsten Packung. Bei Präparaten mit 22 Tabletten ist die Pause nur sechs Tage lang. Dann gibt es noch Packungen mit 28 Tabletten. Die letzten sechs oder sieben enthalten keine Hormone, du nimmst also ohne Pause jeden Tag eine. Außerdem sind noch Zwei-Phasen-Präparate auf dem Markt. In der ersten Phase nimmst du Tabletten, die Östrogen enthalten, in der zweiten Phase eine Kombination aus Östrogen und Gestagen.

➤ Die Mikro-Pille ist niedriger dosiert, bietet aber den gleichen Schutz.

Nur beim Arzt

Die Pille wird vom Arzt oder der Ärztin verschrieben. Du bekommst ein Rezept und kaufst dir die Packung (zwischen 13 und 20 Mark) in der Apotheke. Welches der verschiedenen Präparate für dich das richtige ist, wird der Arzt entscheiden. Ein verantwortungsvoller Arzt fragt dich nach schweren Erkrankungen in der Familie. Er fragt, ob du rauchst, an Migräne leidest oder regelmäßig Medikamente nimmst. Wichtig ist auch, deinen Blutdruck zu messen. Das sind keine überflüssigen Fragen oder Untersuchungen, sondern sie zeigen dir, dass sich der Arzt erst über deinen Gesundheitszustand informiert, bevor er die Pille verschreibt. Auch Fragen nach deiner Monatsblutung sind üblich. Ob du Beschwerden hast, seit wann du deine Periode bekommst und in welchen Abständen sie kommt. Dafür ist es wichtig, dass du in einem Kalender immer einträgst, wann deine Menstruation beginnt und endet. Willst du noch mehr über den Besuch beim Frauenarzt wissen, kannst du in Kapitel 7 weiterlesen.

Auf Nummer sicher

Wer sich für die Pille entscheidet, darf nicht schludrig sein. Du musst jeden Tag, möglichst zur gleichen Zeit, eine Pille einnehmen. Hast du sie trotzdem einmal vergessen, kannst du sie noch verspätet schlucken, ohne dass du Angst haben musst, schwanger zu werden. Je nach Präparat ist das sechs bis zwölf Stunden nach der sonst üblichen Zeit möglich. Das steht auch meist auf dem Beipackzettel. Bist du dir unsicher, dann rufe bei deinem Arzt an. Ist die Zeit allerdings überschritten oder hast du eine Tablette ganz vergessen, dann bist du vor einer Schwangerschaft nicht mehr geschützt. Nimm

die Pille trotzdem weiter und verhüte 14 Tage lang mit einem Kondom. Ob die „Pille danach" in Frage kommt, entscheidet der Arzt.

Bekommst du Durchfall oder musst erbrechen, kann es sein, dass die Pille nicht mehr wirkt. Dann gelten dieselben Regeln wie für den Fall, dass du die Pille vergessen hast. Auch bestimmte Medikamente wie beispielsweise Antibiotika, Schmerz-, Beruhigungs- und Kreislaufmittel, fiebersenkende oder entzündungshemmende Medikamente können die Wirkung der Pille herabsetzen. Deshalb ist es sehr wichtig, dass du auch den Arzt, der dir ein Medikament verschreibt, darauf hinweist, dass du die Pille nimmst.

Wer zahlt

In Deutschland übernimmt die Krankenkasse die Kosten für alle Verhütungsmittel, die ärztlich verordnet werden, also auch für die Pille. Aber nur bis zum vollendeten 20. Lebensjahr. Wer jünger als 18 ist, muss auch keine Rezeptgebühr bezahlen. In Österreich und der Schweiz müssen auch Mädchen und junge Frauen die Pille selbst bezahlen.

Jedenfalls bequem

Die Pille ist nicht nur ein sicheres, sondern auch ein bequemes Verhütungsmittel. Wer Menstruationsprobleme hat, verspürt eine Linderung durch die Pille. Die Periode ist nicht mehr so stark, und auch die Schmerzen sind geringer. Und die dicken Aknepickel werden auch kleiner. Denk aber daran, dass die Pille nicht vor einer HIV-Infektion schützt. Das ist nur beim Kondom der Fall.

Pillenmüdigkeit

Die Pille gibt es in Deutschland seit 1961. Ihre Einführung war damals wie ein Paukenschlag. Viele Frauen waren erleichtert: Endlich keine Angst mehr vor einer ungewollten Schwangerschaft haben müssen! Endlich Sexualität genießen können!

Für junge, gesunde Frauen ist es vermutlich das erste Mal, dass sie ein Arzneimittel so kontinuierlich nehmen. Mach dir klar, dass du in zehn Jahren 2 520 Pillen schluckst. Wenn du dich für die Pille einmal entscheidest, dann heißt es aber auch noch lange nicht, dass du damit eine Entscheidung für dein ganzes Leben getroffen hast. Du kannst dich später jederzeit für ein anderes Verhütungsmittel entscheiden.

Auch die Zahl illegaler und oft verpfuschter Abtreibungen ging zurück. Doch das war nur eine Seite der Medaille. Manche Frauen nahmen die Pille eine Zeit lang ein, fühlten sich aber zunehmend unwohler. Die Verantwortung für Verhütung war jetzt ausschließlich ihre Sache: täglich Tabletten schlucken, regelmäßige Untersuchungen beim Arzt. Dazu kam die Unsicherheit, was dem eigenen Körper mit der täglichen Hormonzufuhr zugemutet wird. Pillenmüdigkeit heißt dieses Phänomen. Und noch etwas ärgerte die Frauen: Die Pille zu nehmen und damit immer vorgesorgt zu haben, schienen manche Männer als Signal zu verstehen, dass die Frau jetzt auch immer zum Sex bereit ist.

Pille mit Nebenwirkungen

Nicht alle Mädchen vertragen die Pille gleich gut. Manche bemerken gar keine Veränderungen, andere nehmen zu, haben weniger Lust auf Sex, bekommen Kopfschmerzen oder fühlen sich insgesamt unwohl. Eventuell hilft es, das Präparat zu wechseln.

Die Pille hat aber auch andere Nebenwirkungen: Es kommt häufiger zu Pilzinfektionen in der Scheide (das merkst du an ungewöhnlichem Ausfluss und an Juckreiz). Bestimmte Pillen vergrößern das Risiko von Blutgerinnseln (dabei wird ein Organ oder Gewebe nur ungenügend mit Sauerstoff versorgt). Das sind die Präparate mit den Wirkstoffen „Gestoden" und „Desogestrel". Im Vergleich zu anderen Pillen ist das Risiko, dass sich Blutpfropfen bilden, doppelt so hoch. Diese Pillen dürfen an junge Frauen unter 30 Jahren, die zum ersten Mal die Pille nehmen, nicht mehr verschrieben werden. Aber auch sonst gilt: Pille und Rauchen – eins lass sein. Besprich mit deinem Arzt mögliche Risiken. Hast du den Eindruck, er tut deine Bedenken als Hirngespinste ab, dann such dir einen Arzt, der dich ernst nimmt.

DIAPHRAGMA

Die Pille wirkt, auch wenn du gar nicht so genau weißt, wie sie funktioniert. Wie es in deinem Körper aussieht, darüber musst du schon Bescheid wissen, wenn du dich für diese Verhütungsmittel entscheidest. Es darf dir auch nicht fremd sein, dich „da unten" anzufassen. Vielleicht kommen diese Mittel für dich jetzt noch nicht in Frage, weil das alles noch viel zu umständlich ist. Möglicherweise fällt dir aber auch später wieder ein, dass es Alternativen zu Kondom und Pille gibt.

Die Idee, eine mechanische Barriere zwischen Samen und Muttermund einzurichten, ist schon sehr alt. Auf dieser Idee basieren auch das Diaphragma, die Portiokappe und das Lea-Contraceptivum. Das Diaphragma, auch Scheidenpessar genannt (um die 40 Mark teuer), sieht aus wie ein kleiner Gummihut. Die weiche Gummikappe hat einen elastischen Ring am Rand. Es wird mit einer Samen abtötenden Creme oder Gel bestrichen und so in die Scheide eingelegt, dass es den Muttermund verschließt. Dadurch können keine Samen in die Gebärmutter gelangen. Da es verschiedene Größen gibt,

muss das Diaphragma vom Arzt angepasst werden. Es richtig einzulegen, muss geübt werden. Wenn es richtig sitzt, stört das Diaphragma auch nicht. Die Portiokappe funktioniert ähnlich wie das Diaphragma, ist aber kleiner. Das Lea-Contraceptivum (für 98 DM) wird ebenfalls vor dem Miteinanderschlafen eingesetzt und etwa acht Stunden danach in der Scheide belassen. Allerdings besteht das Lea-Contraceptivum aus dem hautfreundlicheren Silikon und hat eine für alle Frauen passende Größe. Im Unterschied zum Kondom können Diaphragma, Portiokappe und Lea viele Male benutzt werden.

Dein gutes Recht

Ab wann darf ich Verhütungsmittel nehmen?

Bist du noch nicht volljährig, liegt es am Arzt, ob er dir ein verschreibungspflichtiges Verhütungsmittel wie zum Beispiel die Pille ohne Einverständnis der Eltern verschreibt. Jeder Arzt steht unter Schweigepflicht. Wenn du die Pille unbedingt möchtest und keine ernst zu nehmenden gesundheitlichen Gründe dagegen sprechen, kannst du es auch bei einem anderen Arzt versuchen. Kondome kannst du natürlich unabhängig von deinem Alter kaufen.

Verhütung anno dazumal

Im alten Ägypten schmierten Frauen vor dem Geschlechtsverkehr ihre Scheide mit einem Extrakt aus Krokodilmist und Honig ein, so eine Überlieferung. Damit sollte die Befruchtung des Eis verhindert und die Spermien abgetötet werden.

Öhö Öhö Öhö

Ein griechischer Arzt hat – so sagt man – um 100 n. Chr. seinen Patientinnen geraten, sich nach dem Sex zu schneuzen, zu husten und auf und ab zu springen.

Arabische Kamelzüchter sollen im Mittelalter ihre Stuten vor langen Wüstenreisen unempfänglich gemacht haben, indem sie einen kleinen Stein in die Gebärmutter des Tieres legten.

Casanova, der im 18. Jahrhundert lebte, hat angeblich seinen Geliebten halb ausgedrückte Zitronenhälften gegeben. Der Zitronensaft sollte die Spermien abtöten, die Schale wie eine Barriere wirken.

NICHT EMPFEHLENS-WERT

Verhütungszäpfchen

So groß wie ein Fieberzäpfchen wird es zehn Minuten, bevor ihr miteinander schlaft, in die Scheide direkt vor den Muttermund gebracht. Die chemischen Stoffe sollen die Spermien bewegungsunfähig machen. Inzwischen ist jedoch auch bekannt, dass die Substanzen Allergien auslösen, die Schleimhäute der Scheide reizen und die Scheide für Infektionen anfälliger machen. Noch wichtiger: Die Zäpfchen sind bei weitem nicht so sicher wie Pille und Kondom. Oft stört auch der Schaum (die Zäpfchen schmelzen in der Scheide). Zusammen mit einem Kondom werden Verhütungszäpfchen auch nicht sicherer. Ganz im Gegenteil: Unter Umständen können die Wirkstoffe des Zäpfchens das Kondom angreifen. Aus dem vermeintlich doppelten Schutz kann also ein Reinfall werden.

Die Spirale

ist vor allem für Frauen geeignet, die schon Kinder haben, einen festen Partner haben, die Pille nicht nehmen wollen oder aus gesundheitlichen Gründen nicht dürfen. Daran kannst du erkennen, dass die Spirale für Mädchen selten in Frage kommt. Die am häufigsten verwendete Spirale besteht aus Kunststoff. Der Spiralenschaft ist mit Kupferdraht umwickelt, und am Ende baumeln ein, zwei dünne Fädchen. Die Spirale wird vom Arzt während der Monatsblutung in die Gebärmutter eingesetzt. Das Kupfer, das von der Spirale ständig in ganz kleinen Mengen abgegeben wird, sorgt dafür, dass die Samenfäden unbeweglich werden. Dadurch können sie kein Ei befruchten. Außerdem verhindert die Spirale, dass sich die Gebärmutterschleimhaut aufbauen kann. Untersuchungen haben ergeben, dass Unterleibsentzündungen bei jüngeren Spiralträgerinnen, die noch kein Kind geboren haben, häufiger vorkommen als bei Gleichaltrigen, die andere Verhütungsmittel benutzen. Das Infektionsrisiko für Frauen, die nicht immer mit demselben Mann Sex haben, ist ebenfalls höher.

Natürliche Verhütungsmethoden

basieren darauf, dass eine Frau über verschiedene Körperzeichen die unfruchtbaren und die fruchtbaren Tage feststellen kann. Während der so genannten gefährlichen Tage, an denen es zu einer Schwangerschaft kommen kann, muss das Paar entweder ein Verhütungsmittel (Kondom oder Diaphragma) benutzen oder Petting machen. Vielleicht kommen diese Methoden für dich auch erst später in Frage. Um sie anzuwenden, musst du deinen Körper sehr gut kennen. Sie verlangen Selbstdisziplin, Erfahrung und einen regelmäßigen Rhythmus deiner Periode (siehe Seite 28). Eine natürliche Methode ist beispielsweise die Temperaturmessung. Eine Frau misst jeden Tag vor dem Aufstehen zur gleichen Zeit ihre Körpertemperatur und trägt sie in ein Kurvenblatt ein. Während der Periode und bis zur Zeit der Eireifung ist die Temperatur unter 37 °C. Nach dem Eisprung steigt die Temperatur dann um einige Zehntel Grad Celsius an und bleibt bis zur nächsten Regel erhöht. Ab dem dritten Tag mit erhöhter Temperatur kann die Frau nicht mehr schwanger werden.

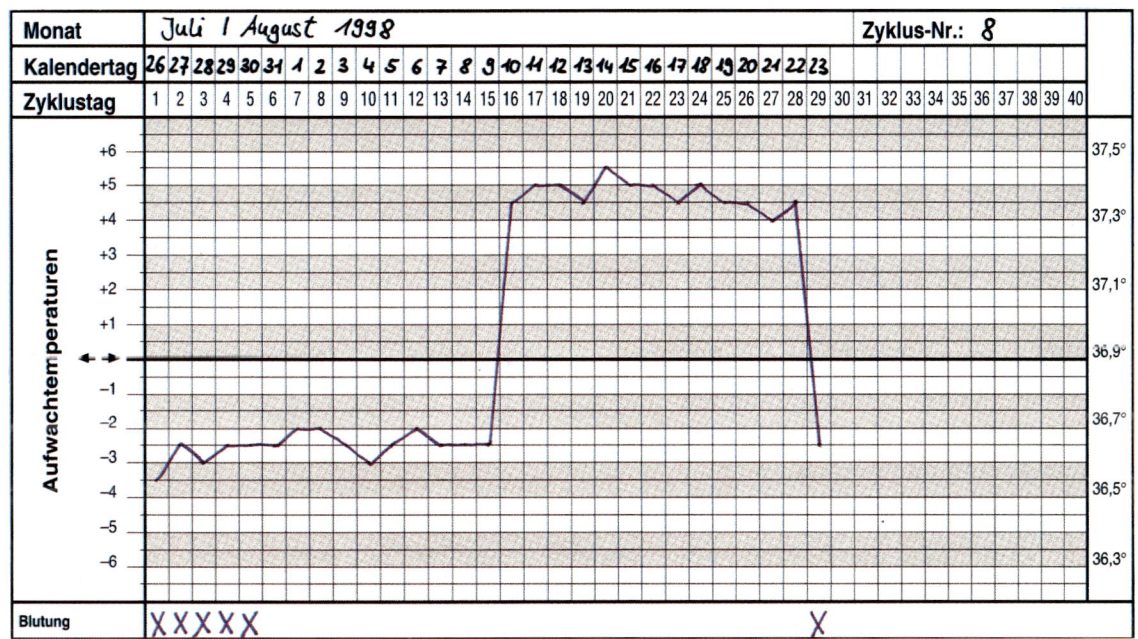

Der Eisprung hat am 16. Tag nach dem Einsetzen der Regel stattgefunden. Ab dem 20. Tag kann das Mädchen nicht mehr schwanger werden.

FALSCH GEDACHT

99 Beim ersten Mal passiert schon nix ...66

Von wegen. Hast du gerade deine „gefährlichen" Tage, kannst du auch beim ersten Mal schwanger werden.

99 Wenn ich meine Tage habe, bin ich sicher.66

Die Zahl der fruchtbaren, also „gefährlichen" Tage ist zwar gering, aber ob und wann du einen Eisprung hattest, weißt du ja nicht. Die Zeit während der Menstruation ist nicht hundertprozentig sicher, ebenso nicht die Tage kurz vor der Periode. Auch wenn du deine Periode noch nicht hast, kannst du schon einen Eisprung gehabt haben, und den sieht man halt nicht.

99 Und wenn ich mich gleich danach wasche?66

Hilft das auch nicht. Genauso wenig wie 20-mal vom Stuhl hüpfen oder gleich aufstehen und die Samen herausfließen lassen. Die Spermien sind flink und schneller auf dem Weg in die Gebärmutter als du im Bad.

99 Er passt doch auf!66

Und du guckst womöglich in die Röhre. Der Coitus interruptus, auch Rückzieher genannt, ist eine absolut unsichere Methode. Der Junge zieht seinen Penis vor dem Samenerguss aus der Scheide. Erstens kann Samenflüssigkeit schon vor dem Erguss abgehen, zweitens musst du dich völlig auf ihn verlassen und drittens macht's keinen Spaß. Wer mag schon aufhören, wenn's schön ist?

99 Doppelt hält besser. 66

Kommt darauf an. Pille und Kondom sind auch einzeln recht sichere Verhütungsmittel, wenn sie richtig angewendet werden. Vielleicht wollt ihr erst mal testen, ob ihr mit dem Kondom klarkommt und währenddessen trotzdem sicher verhüten. Dann solltest du zunächst die Pille nehmen. Nicht empfehlenswert ist es allerdings, Kondom und Verhütungszäpfchen gleichzeitig anzuwenden (siehe Seite 108).

99 Beim Petting kann doch nichts schief gehen. 66

Stimmt nicht. Sicher vor einer ungewollten Schwangerschaft ist ein Mädchen nur dann, wenn kein Samen in ihre Scheide gelangt. Das kann aber auch dann geschehen, wenn dein Freund einen Samenerguss hatte, und Samen mit den Fingern in die Scheide kommen. Wenn ihr in der Badewanne miteinander schmust, der Junge einen Samenerguss hat und der Samen munter im Wasser umherschwimmt, kannst du davon nicht schwanger werden. Trotzdem ist auch die Badewanne nicht sicher: Wenn ihr dort miteinander schlaft, ohne zu verhüten, kannst du natürlich auch schwanger werden.

UND WENN'S DOCH PASSIERT...

Der Gummi ist geplatzt oder abgerutscht, du hast die Pille vergessen oder gar nicht verhütet. Zunächst einmal: Das ist kein Grund, sich in Selbstzweifeln zu vergraben. Jede Frau hat schon gezittert, gehofft und gebangt und – oft noch mal Glück gehabt. Wirklich hundertprozentigen Schutz bietet kein Verhütungsmittel. Beim Verhüten muss man abwägen: zwischen bequem, aber mit Nebenwirkungen, oder nicht so bequem und wenig Nebenwirkungen. Das soll aber nicht als Ausrede herhalten. Gar nicht verhüten und hoffen, dass man nicht schwanger wird, ist, wie mit verbundenen Augen über die Straße zu rennen.

Die Pille danach

Als Notlösung gibt es die „Pille danach". Sie besteht aus vier Dragees, die eine Kombination von Östrogen und Gestagen enthalten. Die „Pille danach" verhindert, dass sich die Eizelle in der Gebärmutter einnisten kann. Die ersten beiden Tabletten müssen innerhalb von 48 Stunden eingenommen werden, die restlichen beiden maximal zwölf Stunden später. Manchmal wird es Frauen nach der Einnahme der Tabletten übel, sie bekommen Kopfschmerzen, oder die Brüste spannen. Je früher die „Pille danach" geschluckt wird, desto sicherer wirkt sie. Weil es sich wie bei der herkömmlichen Antibabypille um ein verschreibungspflichtiges Arzneimittel handelt – du brauchst also ein Rezept –, musst du einen Arzt aufsuchen. Die „Pille danach" kannst du bei der Frauenärztin, beim Hausarzt, bei Ärztinnen der Pro Familia, beim Ärztlichen Notdienst oder in der gynäkologischen Ambulanz eines Krankenhauses bekommen. Etwa zwei Wochen, nachdem du die Tabletten geschluckt hast, bekommst du eine Periodenblutung.
Die „Pille danach" ist deshalb nur eine Notlösung, weil der Körper durch die hohe Dosis Hormone einer besonderen Belastung ausgesetzt wird. Sie ist also keine Verhütungsmethode.

Übrigens: Bei der „Pille danach" handelt es sich um keinen Schwangerschaftsabbruch!

Schwanger, nicht schwanger, schwanger, nicht schwanger ...

Du hast so eine Ahnung ... Deine Periode ist überfällig, deine Brust spannt so merkwürdig, und wenn sich dein Vater morgens eine Zigarette ansteckt, wird dir vom Geruch schon schlecht.
Bleibt die Periode aus oder ist sie nur schwach, kann das auch andere Gründe haben. Manchmal lässt die Blutung auf sich warten, gerade weil man große Angst hat, schwanger zu sein.
Klar, am liebsten würde man sich im Bett verstecken und gar nicht dran denken. Aber das hilft halt nicht. Die quälende Ungewissheit bleibt. Bist du tatsächlich schwanger, brauchst du Zeit, um dir über deine Gefühle klar zu werden und dich zu entscheiden, ob du das Kind bekommen willst oder nicht. Diese Zeit solltest du dir nicht verkürzen, indem du den Schwangerschaftstest immer wieder hinausschiebst. Vielleicht gibt es einen anderen

Grund, warum deine Periode auf sich warten lässt. Auch wenn du schwanger bist, musst du dich entscheiden. Nichts tun heißt, den Dingen ihren Lauf lassen, sprich: Für einen Schwangerschaftsabbruch ist es dann vielleicht zu spät. Wichtig ist also, dass du dir zunächst Gewissheit verschaffst.

Schwangerschaftstest

Dafür gibt es Schwangerschaftstests. Die Tests weisen nach, ob sich im Urin das Schwangerschaftshormon befindet. Du kannst dir einen solchen Test in der Apotheke kaufen und ihn zu Hause machen. Zuverlässiger ist es, damit bis zu ein paar Tagen nach Ausbleiben der Periode zu warten. Ein Test, der zu früh gemacht wird, muss eventuell wiederholt werden. Manchmal kann es aber auch passieren, dass du dir über das Ergebnis gar nicht im Klaren bist: Ist der Teststreifen nun rosa verfärbt oder doch nicht so richtig? Vielleicht soll auch bei dir daheim niemand etwas davon mitkriegen oder du bist sehr aufgeregt und fürchtest, etwas falsch zu machen. Dann kannst du deinen Morgenurin (das ist der erste nach der Nacht) in einem sauberen Fläschchen zu einem Arzt, in eine Pro Familia-Beratungsstelle oder in die Apotheke bringen.

Positiv

Der Test ist positiv. Das heißt, du kannst davon ausgehen, schwanger zu sein. Jetzt kann es sein, dass ganz unterschiedliche und widersprüchliche Gefühle über dich hereinbrechen. Angst: Wie soll ich's den Eltern beibringen? Schlechtes Gewissen: Hätte ich doch besser aufgepasst. Stolz: Mensch, ich bin eine Frau. Ich könnte tatsächlich ein Kind bekommen. Wut: Warum ausgerechnet ich?

Jetzt brauchst du jemanden, mit dem du reden kannst. Du weißt selbst am besten, wer sich dafür eignet. Jemand, der dir zuhört, dich nicht mit Vorwürfen überhäuft und dir bei einer Entscheidung hilft. Das könnten deine Eltern sein, dein Freund, vielleicht eine Tante oder Lehrerin. Lass dir mal alle Personen durch den Kopf gehen, die in Frage kommen. Du kannst auch eine Beratungsstelle aufsuchen, beispielsweise Pro Familia. Auch und besonders dann, wenn du noch gar nicht weißt, ob du das Kind bekommen oder die Schwangerschaft abbrechen willst. Die Beraterinnen unterstützen dich dabei, das Knäuel deiner Gedanken und Gefühle zu entwirren. Oft hilft es auch, alles aufzuschreiben, was dir dazu einfällt. Du machst dir eine Liste, die zum Beispiel so aussehen kann:

Das spricht für eine Schwangerschaft:

- Ich habe Angst vor einem Schwangerschaftsabbruch.
- Ob ich das Kind jetzt bekomme oder später, ist egal.
- Andere junge Mädchen haben das auch geschafft.
- Ich bin sehr religiös, ein Abbruch kommt nicht in Frage.
- Wenn das Kind erst da ist, wird sich schon alles regeln.
- Mein Freund/meine Eltern würde/n sich bestimmt freuen.
- Ich habe Angst, nach einem Abbruch nie wieder schwanger werden zu können.

Carmen, 16: Ich bin jung – na und? Dann ist der Altersunterschied zu dem Kind nicht so groß. Außerdem – wenn mich meine Mutter abgetrieben hätte, dann gäbe es mich doch auch nicht.

Jenny, 15: Ein Kind? Das war Lichtjahre für mich entfernt. Ich war doch selbst noch ein Kind. Ich habe von Ausbildungsbeihilfe und mein Freund hat von seinen Eltern gelebt. Ich habe mich viel zu jung gefühlt.

Das spricht gegen eine Schwangerschaft:

- Meine Eltern würden aus allen Wolken fallen und mich rauswerfen.
- Ich gehe noch zur Schule und will danach eine Ausbildung machen. Das kann ich mir mit einem Baby nicht vorstellen.
- Wer soll das Kind betreuen, wenn ich in die Schule gehe?
- Mein Freund will jetzt noch nicht Vater werden.
- Ich habe Angst, in meinem Alter mit einem Säugling völlig überfordert zu sein.
- Ich will ein Kind – ja, aber nicht jetzt.

Mit der Liste als Gedankenstütze kannst du auch in die Beratungsstelle gehen. Manche Ängste lassen sich ausräumen, beispielsweise, dass eine Frau nach einem Schwangerschaftsabbruch nicht wieder

schwanger werden könnte. Vielleicht ist dir auch aufgefallen, dass dir in erster Linie durch den Kopf geht, was andere dazu sagen und was sie von dir denken könnten. Hier geht's aber um dich und deine Entscheidung. Vielleicht hast du das Gefühl, unter Druck gesetzt zu werden. Die schlechteste Entscheidung ist die, die unter Druck gefällt wird. Du musst dahinter stehen. Wenn du das Gefühl hast, jemand will dir etwas aufzwingen, dann geh erst recht zu einer neutralen Person. Die meisten Mädchen in deinem

Alter fühlen sich zu jung, um ein Kind zu bekommen. Und es passt ja auch häufig gar nicht zur eigenen Idealvorstellung: Ein Partner, den man liebt und den man sich als Vater vorstellen kann; die Schule

und möglichst die Ausbildung hinter sich haben; zusammen wohnen und dann ein Baby planen, vom Arzt heimkommen und den Freund mit einem Glas Sekt überraschen, du – ich bin schwanger. Sicher, so läuft es selten. Zwei können sich auch über ein ungeplantes Kind freuen. Ungeplant, weil der Zeitpunkt vielleicht nicht ideal war. Das ist jedoch etwas anderes als ungewollt oder unerwünscht. Wahrscheinlich gibt es keine ideale Lösung und schon gar kein Patentrezept, wie sich jemand entscheiden soll. Deshalb hier nur einige Denkanstöße.

Das Baby bekommen

Wenn du dich für das Kind entscheidest, ist es nicht verkehrt, wenn du auch dann nach den Gründen fragst. Sich gegen die Eltern durchsetzen, den Freund nicht verlieren oder eure Partnerschaft kitten zu wollen, mit einem Baby endlich etwas Eigenes zu haben, das sind alles gewichtige Gründe – aber nicht für das Kind. Vielleicht kannst du dir noch gar nicht vorstellen, wie es weitergeht, wenn du mit dem Baby auf dem Arm aus der Klinik kommst. Es ist wichtig, ein paar Dinge schon im Voraus zu regeln.

Wo wirst du mit deinem Kind wohnen? Kannst du weiterhin zur Schule gehen oder deine begonnene Berufsausbildung beenden? Wie reagiert dein Freund, der Vater des Kindes, auf deine Schwangerschaft. Sollte dich keiner unterstützen wollen, hast du eventuell die Möglichkeit, in einem Mutter-Kind-Heim unterzukommen. Dort kannst du mit deinem Kind zusammen wohnen. Der Säugling wird betreut, wenn du tagsüber in der Schule oder auf deinem Ausbildungsplatz bist. Die finanzielle Unterstützung für junge Mütter ist nicht üppig. Wenn deine Eltern nicht einspringen und du selbst nichts verdienen kannst, musst du dich auf eine harte Zeit einstellen. Wohnst du in Deutschland, stehen dir auf alle Fälle 220

Mark Kindergeld monatlich und 600 Mark Erziehungsgeld für die ersten beiden Lebensjahre des Kindes zu. Vorausgesetzt, du arbeitest nicht selbst. Darüber hinaus ist der Vater des Kindes verpflichtet, Unterhalt für den Nachwuchs zu zahlen. Auch wenn ihr nicht verheiratet seid, muss er unter Umständen auch für deinen Unterhalt in den ersten drei Jahren aufkommen. Häufig kann er so viel Geld aber gar nicht aufbringen. Dann springt das Jugendamt ein. Unterhaltsvorschuss heißt die Leistung, die jedoch maximal 72 Monate gewährt wird und nur den Unterhalt für das Kind betrifft. 1997 waren das für ein Kind bis sechs Jahre 214 Mark (neue Bundesländer) oder 249 Mark (alte). Wenn du und dein Kind nicht ausreichend

Geld zur Verfügung haben, kannst du einen Antrag auf Sozialhilfe stellen. Wo du die einzelnen Leistungen beantragst und auf welche du Anspruch hast, kannst du beim Jugendamt oder in Beratungsstellen erfahren. Dort erfährst du auch, wo die Vaterschaft für dein uneheliches Kind anerkannt wird (das ist wichtig für den Unterhalt fürs Kind). Eine erste kleine Starthilfe ist eventuell von der Stiftung „Mutter und Kind" zu erwarten. Du musst den Antrag, den kirchliche Beratungsstellen entgegennehmen, schon in den ersten Monaten deiner Schwangerschaft stellen. Dabei ist es völlig egal, ob du selbst in der Kirche bist. Zuschüsse kannst du für Umstandskleidung, Erstlingsausstattung, Bettchen und

Wickeltisch bekommen. Für Österreich und die Schweiz gibt es ähnliche Regelungen. Erkundige dich bei der nächsten Pro Familia-Stelle danach (Adresse im Anhang).

Adoption heißt: für immer

Das Kind kann auch zur Adoption freigegeben werden. Vielleicht hältst du das im ersten Moment für die vernünftigste Lösung. Du kannst dir einen Schwangerschaftsabbruch nicht vorstellen, das Kind aber auch nicht großziehen. Und du hast schon von vielen Paaren gehört, die sich sehnlichst Kinder wünschen, aber selbst keine bekommen können. Während der neunmonatigen Schwangerschaft entsteht jedoch eine Beziehung zwischen dem Ungeborenen und der Frau. Auch die Geburt ist ein einschneidendes Erlebnis. Deshalb gilt eine Einwilligung zur Adoption erst, wenn das Kind acht Wochen alt ist. Eine Adoption ist eine Entscheidung für immer, das heißt, du verlierst sämtliche Rechte an deinem Kind. Wenn du eine Adoption in Erwägung ziehst, such dir jemanden, der mit der Rechtslage vertraut ist und mit dem du deine Zweifel besprechen kannst (beispielsweise die Adoptionsvermittlungsstelle des Jugendamtes).

SCHWANGER-SCHAFTS-ABBRUCH

Frauen machen es sich in der Regel nicht leicht, wenn sie sich für einen Abbruch entscheiden. Gegner des Abbruchs stellen die Frauen gern so dar, als würden sie gefühllos und kalt lächelnd beseitigen, was ihnen im Weg ist. Darüber traurig zu sein gehört dazu. Zu weinen, weil man etwas verloren hat. Abschied zu nehmen. Trotzdem die Entscheidung als richtig zu empfinden, weil ein Kind jetzt nicht ins Leben passt und sämtliche Zukunftspläne umkrempeln würde. Das klingt egoistisch? Es ist aber auch verantwortungsvoll. Sich zu diesem Zeitpunkt gegen eine Schwangerschaft zu entscheiden, heißt auch, an das Ungeborene zu denken, das ein Recht darauf hat, willkommen zu sein.

Das Gesetz

Wenn in Deutschland eine Frau einen Schwangerschaftsabbruch vornehmen lassen will, muss sie bestimmte Voraussetzungen erfüllen, die gesetzlich vorgeschrieben sind:

1. Sie muss sich beraten lassen.
2. Der Eingriff darf frühestens am vierten Tag nach der Beratung vorgenommen werden.

3. Der Eingriff darf nur bis zur 14. Schwangerschaftswoche vorgenommen werden, gerechnet ab dem ersten Tag deiner letzten Monatsblutung. Die Rede ist oft von einer Zwölf-Wochen-Frist, das ist richtig. Dabei geht man davon aus, dass die Empfängnis zwei Wochen nach Beginn der letzten Periode stattgefunden hat. Die zwölfte Woche entspricht also der 14. Woche nach Beginn der letzten Regel. Demnach darfst du dir nicht allzu viel Zeit mit deiner Entscheidung lassen, wenn du weißt, dass du schwanger bist. In der Schweiz gibt es (noch) keine Pflichtberatung. Eine Frau braucht allerdings ein psychiatrisches Gutachten eines Arztes. In Österreich gilt eine Fristenregelung, sprich: Bis zur zwölften (14.) Woche ist der Schwangerschaftsabbruch geduldet.
4. Der Eingriff muss von einem Arzt vorgenommen werden.

Beratung

Sie ist in Deutschland gesetzlich vorgeschrieben, also ein Muss. Schon von daher unterscheidet sie sich von einer Beratung, die du freiwillig aufsuchst, weil du mit einem Problem allein nicht klarkommst. Die Beratung, die also Voraussetzung für einen Schwangerschaftsabbruch ist, folgt damit anderen Regeln. Auf der einen Seite soll die Frau die Entscheidung selbst treffen. Es heißt wörtlich: „Die Beratung soll ermutigen und Verständnis wecken, nicht belehren oder bevormunden." Auf der anderen Seite ist die Beraterin verpflichtet, dir alle Hilfen aufzuzählen, die dich dazu ermutigen, das Kind auszutragen. Es ist jedoch deine Sache, wenn dir die Hilfen als nicht ausreichend erscheinen.

Laut Gesetz wird von einer Frau erwartet, dass sie die Gründe nennt, warum sie einen Abbruch wünscht. Vielleicht möchtest du dieser Erwartung aber nicht nachkommen, dann musst du es auch nicht. Nur in Bayern muss eine Frau begründen, warum sie die Schwangerschaft abbrechen will. In den anderen Bundesländern kann sie ihre Gründe für sich behalten. Vielleicht möchtest du aber trotzdem gern darüber sprechen. Die Beraterin steht unter Schweigepflicht. Ohne dass du es ausdrücklich erlaubst, darf sie mit niemandem über euer Gespräch reden. Sie darf noch nicht einmal erwähnen, dass du bei ihr warst. Nach der Beratung bekommst du eine schriftliche Bestätigung. Darin steht dein Name und das Datum. Die Beratung darf nur von anerkannten Beratungsstellen, zum Beispiel der Pro Familia, der Caritas oder der Diakonie durchgeführt werden.

Indikation

Wenn eine Frau als Folge einer Vergewaltigung schwanger wurde, kann der Arzt eine sogenannte kriminologische Indikation feststellen. Der Abbruch ist in der Zwölf-Wochen-Frist möglich. Medizinische Indikation bedeutet, dass die Fortführung der Schwangerschaft eine Gefahr für die körperliche und seelische Gesundheit der Frau bedeutet. Hierbei gibt es keine gesetzliche Frist, bis wann der Abbruch durchgeführt werden muss.

Wer zahlt?

Die Krankenkasse zahlt nur noch die Kosten für den Schwangerschaftsabbruch mit einer medizinischen oder kriminologischen Indikation. Bei jedem anderen Grund muss das Mädchen oder die Frau den Eingriff selbst bezahlen. Verdienst du aber unter 1 700 Mark (neue Bundesländer: 1 500 Mark), kannst du eine Kostenübernahme bei der Krankenkasse beantragen. Für Österreich gilt eine ähnliche Regelung. Nur in der Schweiz trägt die Krankenkasse die Kosten für den Abbruch.

Dein gutes Recht

Ob du für den Schwangerschaftsabbruch die Einwilligung deiner Eltern brauchst, entscheidet der Arzt. Ab dem 16. Lebensjahr wird davon ausgegangen, dass ein Mädchen reif genug ist, allein zu bestimmen. Dann braucht sie keine Unterschrift der Eltern. Bist du jünger, vergewissert sich der Arzt, ob du die Entscheidung für den Abbruch selbst getroffen hast und ob du die Bedeutung eines Abbruchs erfassen kannst.

Wie geht der Eingriff vor sich?

Der Abbruch wird unter örtlicher Betäubung oder unter Vollnarkose vorgenommen. Zuerst wird der Gebärmutterhalskanal geweitet, bis ein Plastikröhrchen in die Gebärmutter eingeschoben werden kann. Das Schwangerschaftsgewebe wird abgesaugt. Das dauert insgesamt etwa zehn Minuten. Manchmal wird die Betäubungsspritze als schmerzhaft empfunden. Nach dem Eingriff tut es auch weh, wenn sich die Gebärmutter wieder zusammenzieht. Weil der Muttermund geweitet wurde und jetzt eine höhere Gefahr besteht, dass Keime in die Gebärmutter wandern, soll zwei Wochen auf Miteinanderschlafen, Tampons, Schwim-

men und Vollbäder verzichtet werden. Hast du danach jedoch starke Schmerzen oder auch Fieber, starke Blutungen oder immer noch Schwangerschaftssymptome, musst du sofort zum Arzt.

Und danach?

Erleichterung, Wut, Tränen, Schuldgefühle oder „alles-vergessen-nicht-mehr-dran-denken", das ist nicht ungewöhnlich. Vielleicht ist erst jetzt Zeit und Platz für solche Gefühle. Du hast getan, was jetzt für dich richtig war.

Die Abtreibungspille

RU 486 heißt die Abtreibungspille, die nur in wenigen europäischen Ländern (Schweden, Großbritannien, Frankreich) zugelassen ist. Möglicherweise wird sie künftig auch in Deutschland zu bekommen sein.

DEIN Körper ist clever

Dein Körper ist das Haus, in dem du wohnst. Manchmal fühlst du dich wohl, du bist zu Hause. Manchmal ist es, als hättest du den Schlüssel verloren. Prima wäre, wenn du dein Haus akzeptieren könntest, wie es ist. Noch besser, wenn du dich in deinem Haus gut auskennen würdest. Viele Mädchen wissen zwar, wie sie Schlupflider kaschieren können, aber nicht, was alles in ihrem Körper steckt. Dein Körper ist nicht dein Feind, er ist vielmehr ganz schön schlau.

Du kannst deinen Körper schön machen und ihm Gutes tun, indem du genügend schläfst, dich vernünftig ernährst und ihn bewegst. Du kannst ihn aber auch mies behandeln, indem du ihn mit Nikotin verräucherst, mit Alkohol voll laufen lässt oder ihm Dröhnungen aus dem Kopfhörer verpasst. Er wird sich beschweren.

Dein Körper registriert sämtliche Einflüsse. Ist es warm, sorgt er mit Schweiß für Abkühlung. Ist er schutzlos der Sonne ausgeliefert, rötet sich die Haut und tut weh. Der Schmerz ist ein Warnsignal. Es gibt auch Zusammenhänge zwischen Körper und Seele. Sprich: Der Körper reagiert mit Unbehagen auf etwas, das dich belastet. Dein Körper wird dein Sprachrohr. Beschwerden solltest du nicht ignorieren, aber auch nicht eigenmächtig mit Tabletten unterdrücken. Medikamente bekämpfen nur Symptome, nicht Ursachen.

Bei uns bist du schön

Die ganze Truppe war in Aufruhr. Alle jammerten, quengelten und lamentierten. Die Stimmung war am Nullpunkt. Vor allem der Po hatte schlechte Laune. „Wunderschön bin ich, rund und knackig. Aber was macht sie? Sie versteckt mich unter knielangen Pullovern, damit mich keiner sieht, und presst mich ganz fest zusammen. Davon krieg ich Verstopfung." Trotzig wackelte er mit beiden Backen. „Die glaubt, ich bin zu fett. Bin ich aber nicht", sagte er mit Brummstimme. Noch ein Wackler.

„Was beschwerst du dich denn? Du kannst dich wenigstens wehren. Wir sind ihr ausgeliefert", klang es piepsig von oben. Eigentlich waren alle stolz auf den Busen. Langsam rundete er sich. Damit musste Jacky doch zufrieden sein.

„Irgend so ein Idiot aus der Schule hat Jacky gesagt, sie ist ein Brett mit zwei Erbsen. Und jetzt hat sie uns in so einen Push-up geklemmt. Hochgezurrt und abgequetscht."

Die anderen versuchten, die beiden zu beruhigen. „Das gibt sich wieder", schnatterten die zehn Fingernägel, obwohl sie unter dicken Lackschichten nur noch undeutlich zu verstehen waren. Was war nur los mit Jacky? Langsam wusste auch das Hirn nicht mehr weiter.

Es hatte den Eindruck, als würde ihnen allen der Kampf angesagt: Ein ganzes Arsenal an Geräten stand bereit, um zu feilen, zu schmirgeln und zu glätten. Kleine Greifer, die nach den Wimpern schnappten, eiserne Helme, die die Haare unter mörderischer Hitze fast versengten. Eine üble Mixtur aus parfümierten Slipeinlagen, Deodorants und Zerstäubern umnebelte das Hirn. Es musste etwas geschehen. Aber was? Man konnte natürlich zurückschlagen: mit Eiterpusteln, Allergien, Durchfall, Kotzanfällen, Schmerzattacken.

„Nee, sie soll sich erst mal richtig angucken", brummte der Po. „Mach ihr doch endlich klar", sagte er zum Hirn, „dass wir eine einzigartige Truppe sind. Bei uns bist du schön, Jacky."

BEI DER FRAUENÄRZTIN

„Jetzt wird's aber mal Zeit", sagt die Mutter zur Tochter, wenn diese ihre erste Monatsblutung bekommen hat, und schickt sie zum Frauenarzt. Notwendig ist das jedoch nicht. Zur Gynäkologin, also zu einer Fachärztin für Frauenheilkunde, die für alle Fragen und Beschwerden an deiner Scheide, deinen inneren Geschlechtsorganen und am Busen zuständig ist, solltest du gehen, wenn es einen triftigen Grund gibt. Wenn du keine Probleme mit deinen Tagen hast, brauchst du auch keine Frauenärztin. Du lässt dir ja auch keinen Termin beim Augenarzt geben, wenn deine Augen völlig in Ordnung sind. Routinekontrollen beim Gynäkologen sind erst notwendig, wenn du die Pille nimmst, oder für die Krebs-Früherkennung. Übrigens: Jungs schickt auch keiner zum Arzt, wenn sie ihren ersten Samenerguss hatten.

Du gehst zur Frauenärztin, wenn …

… **du** dich über Verhütungsmittel und -methoden informieren willst (siehe Seiten 96 – 109) oder ein Verhütungsmittel brauchst. Die Antibabypille darf dir nur die Ärztin verschreiben.

… **du** noch keine Monatsblutung hast und deshalb beunruhigt bist, deine Periode mal kommt, mal ausbleibt, sehr stark oder mit Schmerzen und Krämpfen verbunden ist (siehe Seite 30).

… **du** Schmerzen beim Miteinanderschlafen hast.

… **du** ohne Verhütungsmittel mit einem Jungen geschlafen hast und fürchtest, schwanger zu werden. Die „Pille danach" muss innerhalb von 48 Stunden nach dem ungeschützten Sex eingenommen werden und darf nur von einem Arzt verschrieben werden (siehe Seite 112).

… **du** ungewöhnlichen Ausfluss aus deiner Scheide hast, es juckt und brennt und beim Pinkeln wehtut, du Knötchen entdeckt hast, oder dir sonst etwas aufgefallen ist (siehe Seite 141).

… **du** wissen willst, ob alles in Ordnung ist, ob's normal ist, dass dein Busen unterschiedlich groß ist etc.

… **du** fürchtest oder hoffst, schwanger zu sein und sicher gehen willst (siehe Seite 113).

Wie finde ich eine gute Frauenärztin?

Vielleicht möchtest du aus irgendeinem Grund nicht zu der Gynäkologin gehen, bei der deine Mutter schon jahrelang Patientin ist. Hör dich einfach mal bei Freundinnen und Schulkameradinnen um. Auch in Pro Familia-Beratungsstellen arbeiten Frauenärztinnen.

Eine Frauenärztin: Ich zeige einem jungen Mädchen immer erst mal das Untersuchungszimmer, auch wenn ich sie nicht untersuche. Sie kann sich einfach mal umschauen. Ich erkläre ihr genau, was ich bei einer ersten Untersuchung benutzen werde. Viele der Instrumente sind dafür gar nicht nötig. Bei jungen Mädchen gibt es ganz wenig ernsthafte Erkrankungen.

Im Sprechzimmer

Die Ärztin wird dich in der Regel nach Folgendem fragen:
- nach Kinderkrankheiten und schweren Erkrankungen in der Familie.
- nach deiner Monatsblutung: ob du bereits deine Periode hast, in welchen Abständen du blutest, ob die Blutung sehr stark ist und ob du dabei Schmerzen hast. Deswegen ist es ganz hilfreich, dass du in einem Kalender immer die Tage ankreuzt, an denen du menstruierst.
- ob du zurzeit Medikamente nimmst.
- ob du Tampons benutzt.
- ob du schon einmal mit einem Jungen geschlafen hast.
- welche Verhütungsmittel du benutzt.
- ob du Unterleibsbeschwerden hast oder Geschlechtskrankheiten hattest.
Wenn du die Pille verschrieben haben möchtest, sind zusätzliche Informationen wichtig (siehe Seite 102).

Ob dir Sex Spaß macht, oder wie oft du mit deinem Freund schläfst – das geht den Arzt nichts an. Wenn du möchtest, kannst du von dir aus erzählen oder Fragen stellen.

Eine gute Ärztin
- sollte sich Zeit für ein Gespräch nehmen,
- dich nicht mit unverständlichen Fachwörtern überfallen und dir erklären, warum sie dir etwas empfiehlt,
- sollte dich behutsam untersuchen,
- sollte dir ihr Wissen zur Verfügung stellen und dich selbst entscheiden lassen.

Dein gutes Recht

Niemand kann dich zu einem bestimmten Frauenarzt oder einer Frauenärztin schicken. Du hast die freie Wahl. Wenn du nicht möchtest, dass deine Eltern von deinem Arztbesuch erfahren: Du hast selbst eine Versichertenkarte der Krankenkasse, mit der du zum Arzt oder zur Ärztin gehen kannst. Ist es aus irgendeinem Grund problematisch, an die Karte zu kommen, kannst du deinen Kinderarzt oder deine Hausärztin um einen Überweisungsschein für den Gynäkologen bitten. Ärzte haben Schweigepflicht: Sie dürfen deine Eltern nicht über deinen Besuch informieren, geschweige denn, etwas vom Grund deines Besuchs erzählen.

Im Untersuchungszimmer

Nicht bei jedem Besuch ist es notwendig, dass du dich auf den Untersuchungsstuhl setzt. Nur wenn die Ärztin deine inneren Organe genauer untersuchen will, wird sie dich darum bitten. In einer Kabine ziehst du deine Hose oder den Rock und den Slip aus. Dann setzt du dich auf den Untersuchungsstuhl. Die Beine legst du links und rechts in die Stützen und schiebst dich mit dem Po nah an die Stuhlkante. Wenn du den Kopf hinlegst, kannst du dich besser entspannen. Die Position ist dir vielleicht unangenehm, schließlich lässt du dich sonst nicht auf die Art und Weise beschauen.

Zunächst untersucht dich die Ärztin mit einem Spekulum. Das Spekulum ist ein Instrument, mit dem sie dir in die Scheide sehen und den Gebärmuttermund anschauen kann. Es wird zunächst vorsichtig in die Scheide geschoben und dann geöffnet, um deine Scheidenwände auseinander zu halten.

Vielleicht ist es so neu für dich, dass du vor lauter Überraschung alle deine Muskeln anspannst. Sag ruhig, wenn's dir unangenehm ist oder wehtut. Es hilft, wenn du ganz normal atmest und die Beine locker hängen lässt.

Selbst schauen und tasten

Wenn du möchtest, kannst du auch sehen, was sich jetzt die Ärztin anschaut. Du kannst sie bitten, einen Spiegel so zu halten, dass du das Innere deiner Scheide betrachten kannst. Oder du tastest – zu Hause ganz für dich allein – mit dem Mittelfinger in deine Scheide. Der kleine Knubbel, den du tief im Inneren spürst und der sich anfühlt wie eine Kirsche oder Nasenspitze, das ist dein Muttermund (siehe Seite 25).

Vielleicht macht die Ärztin auch einen Abstrich. Dabei nimmt sie mit einem Wattestäbchen etwas Schleim von deinem Gebärmuttermund oder von den Scheidenwänden und untersucht ihn unter dem Mikroskop.

Bei der Tastuntersuchung führt die Ärztin einen Finger der rechten Hand in die Scheide ein, während sie die linke Hand auf deinen Bauch legt. Dadurch kann sie die Größe, Form und Beweglichkeit deiner Gebärmutter und Veränderungen an ihr oder an den Eierstöcken und Eileitern fühlen.

Weiterhin sollte eine verantwortungsvolle Ärztin deine Brust abtasten. Sie zeigt dir auch, wie du sie selbst auf Ver-änderungen hin untersuchen kannst, und erklärt dir, dass ein Spannungsgefühl in der Brust vor deinen Tagen durchaus normal ist.

Bloß keine Panik. Bei der Untersuchung lässt sich nicht feststellen, ob du dich selbst befriedigst oder ob du Sex hattest.

Wenn du noch Jungfrau bist

Das Hymen, so heißt das Jungfernhäutchen, bedeckt deine Scheidenöffnung. Aber nicht völlig. Das Menstruationsblut muss ja herausfließen können. Jungfernhäutchen sehen nicht alle gleich aus. Auch die Ärztin kann nicht immer hundertprozentig erkennen, ob dein Jungfernhäutchen noch intakt ist. Manche Mädchen werden ohne Hymen geboren, manche haben es bereits viel früher gedehnt, auch ohne dass sie mit einem Jungen geschlafen haben, etwa durch Sport oder bei der Selbstbefriedigung. Wenn du bereits Tampons benutzt, ist dein Hymen vermutlich schon so gedehnt, dass das kleinste Spekulum benutzt werden kann. Willst du aber überhaupt nicht untersucht werden, dann sag es der Ärztin. Bei vielen Mädchen in deinem Alter gibt es keinen medizinischen Grund für die Untersuchung.

KÖRPER-PFLEGE

„Hinten in der Fabrik machen wir die Creme und vorne in der Parfümerie verkaufen wir Hoffnung. Das ist ein durchaus sicheres Geschäft, denn nichts ist den Menschen wichtiger als die Illusion." Das soll mal einer der führenden Kosmetikfabrikanten gesagt haben. Mit anderen Worten: Tiefenwirkung – die hat nur die Werbung. Von Achselpuder bis Intimspray – sie verspricht samtweiche Haut, makellosen Teint und strahlende Jugend – nur kaufen musst du noch selbst. Fragt sich: Welche Körperpflege ist wirklich sinnvoll?

Körperpflege muss Spaß machen. Worauf du keine Lust hast, das lässt du auch bald schleifen.

Baden oder duschen?

Baden entspannt, macht aber nicht unbedingt sauber. Der Schmutz bleibt nämlich in der Wanne. Außerdem wird mit dem wichtigen Gut Wasser viel zu verschwenderisch umgegangen. Eigentlich reicht es

auch, zweimal pro Woche zu duschen. Zu viel und besonders heißes Wasser trocknet die Haut aus und zerstört ihren Säureschutzmantel. Wer jeden Tag duschen will, sollte sich nur an Stellen einseifen, wo sich Geruch bildet: also unter den Achselhöhlen, im Genitalbereich und an den Füßen.

Ganz intim

Die Scheide brauchst du nur von außen an der Scheidenöffnung täglich mit lauwarmem Wasser zu reinigen. Intimwaschlotionen enthalten nichts anderes als die üblichen flüssigen Seifen auch. Das ist nur Geldmacherei. Intimsprays sind dagegen nicht nur überflüssig, sondern sie können sogar die Flora in deiner Scheide schädigen. Dort herrscht nämlich ein spezielles saures Milieu – übrigens tummeln sich in deinem Mund mehr Bakterien als in deiner Scheide, und den sprayst du auch nicht aus. Wird dieses Milieu zerstört, haben Bakterien und Pilze ein leichtes Spiel. Ein klarer Ausfluss, manchmal ein bisschen zäher, ist ganz normal. Es ist Schleim vom Gebärmutterhals, der sich mit der Feuchtigkeit der Scheidenschleimhaut mischt. Er nimmt um die Zeit des Eisprungs, kurz vor der Monatsblutung und während der Schwangerschaft zu. Nur wenn er übel riecht und/oder ungewöhnlich gefärbt ist, solltest du zur Ärztin gehen.

Pickel, Pusteln, Papeln

Es ist zum Aus-der-Haut-Fahren. Auf der Stirn, am Rücken, am Kinn – überall blüht's. Da ist es kaum ein Trost, dass die meisten Mädchen und Jungen in deinem Alter nicht besser aussehen. Noch weniger tröstlich ist die Tatsache, dass dein Hang zu Pickeln und Mitessern oder zu Akne vererbt ist. Dein Körper schüttet zur Zeit Hormone aus, die die Talgproduktion anregen. Der Talg staut sich in den Poren, ein Mitesser entsteht. Bilden sich unter der Haut Bakterien, die sich entzünden, entstehen kleine Knötchen (Papeln) oder eitrige Pickel.
Besser als Seife (die schon gar nicht) oder

Pickelmittelchen ist es, regelmäßig in die Sauna zu gehen. Gerade bei Akne oder fettiger Haut ist das Dampfbad prima. Die Durchblutung wird gefördert, die Zellen bilden sich schneller nach, Hautunreinheiten verschwinden eher. Übrigens gibt es in jeder Sauna auch Frauen-Saunatage.

Wer Sauna trotzdem nicht mag, kann ein Gesichtsdampfbad mit Kamille machen. Aber keine Teebeutel verwenden, sondern richtige Kamille aus der Apotheke.
Auch Gesichtswasser, die bis zu 20 Prozent Alkohol enthalten können, sind sinnvoll. Sie reinigen das Gesicht und halten die Poren frei.
Hast du starke Akne, kannst du den Hautarzt (Dermatologe) aufsuchen. Für die Behandlung musst du allerdings Geduld aufbringen. Akne verschwindet nicht von heute auf morgen. Experten warnen jedoch davor, kortisonhaltige Salben zu verwenden, da Kortison selbst Akne verursachen kann. Frag lieber nach, wie das Medikament zusammengesetzt ist, das dein Hautarzt dir verschreibt.

FALSCH GEDACHT

99 Stell dich doch nicht so an – wegen der paar Pickel. 66

Eltern haben gut reden. Sie sehen ja auch nicht aus wie ein Streuselkuchen. Als ob das nicht reichen würde, nerven sie auch noch mit ihren „Selber-schuld-Sprüchen".

99 Kein Wunder, dass du so pickelig bist, bei deiner Mähne. 66

Sicher ist: Auch der beste Haarschnitt hilft nicht gegen Akne. So ein Pony über der Stirn ist dagegen ganz nützlich, er verdeckt nämlich die Pickel. Weil Sonne – aber in Maßen – gut ist für die Haut, empfiehlt es sich, den Pony aus der Stirn zu binden. Dann lässt du Licht und Luft an die Haut. Gegen schnell fettendes Haar hilft nur Haarewaschen mit einem milden Shampoo.

99 Wasch dich halt mal richtig. 66

Als ob nur Schmutzfinken Pickel bekämen. Klar fühlt man sich mit Akne unsauber. Aber waschen bringt nur kurzfristig Erleichterung, weil der Fettfilm von der Hautoberfläche verschwindet. Zu viel rubbeln und schrubben ist sogar schädlich. Der natürliche Säuremantel geht kaputt, der als Barriere gegen Bakterien und Pilze wirkt. Erfolg versprechender und auch entspannender ist die Sauna.

99 Iiih. Bei so viel Cola und Pommes züchtest du ja geradezu Pickel. 66

Fakt ist, dass eine gesunde Ernährung deiner Haut zugute kommt. Dazu gehören Vollkornbrot und Müsli, Naturreis und Kohlarten, frisches Obst (besonders Pflaumen, Birnen, Feigen und Aprikosen) und grüne Salate, rohes Sauerkraut, Quark, Jogurt, Buttermilch, Gemüse- und Obstsäfte. Ungünstig wirken sich auf deine Haut fette Speisen aus, fetter Käse, Nüsse, Kaffee, Alkohol, aber auch Nahrung, die zwar viel Kalorien, aber kaum Ballaststoffe enthält. Dazu gehören Weißbrot, Kuchen, Brötchen, gesüßte Getränke, Schokolade und Bonbons.

An meine Haut lasse ich nur ...

... ja was eigentlich? Proppenvolle Regale, aber welche Creme soll's denn sein? Ein Tipp: Auf die Inhaltsstoffe schauen. Obwohl die Hersteller nicht dazu verpflichtet sind, drucken etliche Firmen auf der Packung eine Stoffliste ab: Was an erster Stelle steht, ist auch am meisten enthalten. Fehlt die Liste, dann gilt: Finger weg! Selbst wenn die Werbung das Produkt hochjubelt. Wer dir nicht verraten will, was er zusammengemengt hat, dem verweigerst du einfach dein Geld. In der Regel gilt sogar, dass preiswerte Kosmetik eher die Inhaltsstoffe auflistet als teure.

Fachchinesisch

Das ist alles schön und gut. Aber wer begreift schon das Fachchinesisch? Stimmt leider. Da hilft es nur, deinen Chemie- oder Biologielehrer zu fragen. In öffentlichen Leihbüchereien gibt es Hefte von Ökotest und Stiftung Warentest, in denen Testergebnisse verschiedener Kosmetikprodukte veröffentlicht sind. Vorsicht ist bei den Ölen in Lotionen, Cremes und Reinigungsmilch angesagt.

Oft steht Paraffinöl oder Mineral Oil drauf. Das heißt, dass man sich eine Variante des Erdöls ins Gesicht schmiert. Emulgatoren, die eine Vermischung von Wasser und Öl bewirken, sind ebenfalls enthalten. Wer zu fettiger Haut neigt, sollte eine Öl-in-Wasser-Emulsion nehmen (O/W). Die kannst du nach der Sauna, dem Duschen oder zur täglichen Pflege benutzen.

Konservierte Haut

Ein Problem für die Haut sind die Konservierungsstoffe. Der Gesetzgeber schreibt vor, dass Kosmetikprodukte 30 Monate lang haltbar sein müssen. Da kann man sich leicht ausmalen, welche mordsmäßigen Keulen an Konservierungsmitteln enthalten sind. Sie haben die meisten gesundheitsschädlichen Nebenwirkungen. Aggressiv töten sie Bakterien ab. Sie können aber auch die oberen Zellschichten der Haut angreifen.

KOSMETIK SELBSTGEMACHT

Selbst gemachte Kosmetika kann man schwächer konservieren. Man kann die Düfte selbst aussuchen und weiß vor allem, was drin ist. Ob Zahnpasta, Haarfärbemittel, Lippenstifte oder Gesichtscreme – möglich ist alles. Das ist sogar billiger als die gekauften Produkte mit den viel versprechenden Verpackungen. Ein Haarstylinggel, das im Laden bis zu 20 Mark kosten kann, kannst du selbst für 70 Pfennig herstellen. Die Grundausstattung der Zutaten ist allerdings nicht billig. Man sollte das schon längere Zeit machen wollen, damit sich die Anschaffung lohnt. Die Substanzen sind zum Teil in Drogerien, Apotheken und Supermärkten erhältlich, manche gibt es im speziellen Versandhandel, zum Beispiel bei der Spinnrad-Zentrale in Gelsenkirchen. Schülerinnen bekommen in einigen dieser Läden sogar Rabatt und kostenlose Anrühr- und Produktinformationen.

Styling-Gel fürs Haar

Das wird gebraucht:

1 Marmeladenglas mit Deckel
1 Becherglas
1 Teelöffel
1 Messzylinder
bis zu 6 Tropfen eines Parfümöls oder ätherischen Öls
7 Tropfen Lösungsvermittler LV 41
170 ml destilliertes Wasser
25 ml kosmetisches Haarwasser D 95 % oder Isopropylalkohol
1 Teelöffel (3-4 g) Festigerpulver HF 64
1 leicht gehäufter Teelöffel (2-2,5 g) Gelbildner PNC 430

So wird's gemacht:

Parfümöl und Lösungsvermittler im Becherglas mischen, destilliertes Wasser hinzuschütten. Im Marmeladenglas kosmetisches Wasser und Festigerpulver mischen, Gelbildner dazugeben. Inhalt des Becherglases ins Marmeladenglas schütten, Glas zuschrauben, rund 40 Sekunden lang schütteln. Haltbarkeit: ein Jahr.

Deodorant im Roller

Das wird gebraucht:

1 Marmeladenglas mit Deckel
1 Teelöffel
1 Messzylinder
1 leerer Deo-roll-on-Behälter
20 ml kosmetisches Haarwasser 95 %
oder Isopropylalkohol
30 ml destilliertes Wasser
2 Teelöffel (2,5 g) Odex
$^1/_2$ Teelöffel Xanthan

So wird's gemacht:

Haarwasser ins Marmeladenglas, darin
das Odex auflösen. Xanthan hinzugeben,
mit dem Löffel gleichmäßig verteilen.
Destilliertes Wasser dazugießen, Glas
zuschrauben, kräftig schütteln. Die ent-
standene trübe, dickflüssige Lösung im
Roll-on-Stift abfüllen. Haltbarkeit: ein
Jahr.

Gesichtswasser für unreine Haut

Das wird gebraucht:

1 kleines Glas mit Schraubdeckel
1 Becherglas
1 Teelöffel oder Rührstab
1 Messzylinder
1 Pipette
20 ml kosmetisches Haarwasser 95 %
80 ml destilliertes Wasser
5 Tropfen Alpha-Bisabolol
1 Messerspitze Allantoin
$^1/_2$ Teelöffel D-Panthenol
5 ml (3 Teelöffel) Hamameliswasser
20 Tropfen Lösungsvermittler LV 41
3-4 Tropfen Parfümöl oder ätherisches Öl

So wird's gemacht:

Bisabolol mit D-Panthenol und Lösungsvermittler vermischen, bis sich alle Substanzen lösen. Die Mischung mit dem
Haarwasser verrühren und danach destilliertes Wasser hinzugießen. Allantoin und
Hamameliswasser hinzugeben und vermischen. Haltbarkeit: ein Jahr.

So wird's benutzt:

Gesichtswasser auf einen Wattebausch
geben und damit die Haut reinigen.

Bodylotion oder -creme

Das wird gebraucht:

1 größeres Becherglas für die Fettphase
1 kleineres Becherglas für die Wasserphase
1-4 Teelöffel oder Rührstäbe
2 Messzylinder für das Öl
1-2 Pipetten
Mixgerät mit Pürierstab
1 Behälter für die Lotion
für fettige Haut:
40 ml Öl, 200 ml destilliertes Wasser
für normale Haut:
60 ml Öl, 175 ml destilliertes Wasser
für die Fettphase:
4 Tropfen LV 41
5 Tropfen Alpha-Bisabolol
3 Tropfen Fluidlecithin CM
4 Tropfen Vitamin-E-Acetat
1 gestrichener Teelöffel Gelbildner PNC
430 für die Lotion oder
1 leicht gehäufter Teelöffel für die Creme
für die Wasserphase:
20 Tropfen oder $^1/_2$ Teelöffel D-Panthenol
75 %
max. 7 Tropfen Parfümöl oder ätherisches
Öl

So wird's gemacht:

Mit den jeweiligen Zutaten getrennt die
Fett- und die Wasserphase in je einem
Becherglas mischen und gut verrühren.
Kurz vor dem Zusammenrühren mit der
Wasserphase gleichmäßig Gelbildner in
die Fettphase streuen, alle Klümpchen
zerdrücken. Dann die Wasserphase in
dünnem Strahl in die Fettphase schütten
und rühren, bis die Mischung milchig
wird. Mit dem Pürierstab 30 Sekunden
quirlen. Haltbarkeit: drei Wochen.

Gesichtspackung gegen unreine Haut

Das wird gebraucht:

1 Kompottschälchen
1 weicher, breiter Pinsel
1 Esslöffel
1 Handtuch
2 Esslöffel Heilerde
etwas destilliertes Wasser

So wird's gemacht:

Heilerde in die Schale geben und so viel Wasser dazugießen, bis beim Verrühren mit dem Löffel ein Brei entsteht. Haltbarkeit: fünf Jahre.

So wird's benutzt:

Gesicht mit selbst gemachtem Gesichtswasser reinigen, vor dem Spiegel mit dem Pinsel die Breimasse von unten nach oben und von innen nach außen auftragen. Also: am Kinn beginnen, über die Wangen bis zur Stirn, dann von der Nase unter den Augen entlang über die Wangen und zum Schluss die Nase bestreichen. Augen, Brauen und Hals bleiben frei. 20 Minuten einwirken lassen, die Reste der Gesichtspackung mit lauwarmem Wasser entfernen.

Sonnenschutzgel ohne Öl

Das wird gebraucht:

1 kleiner Behälter mit Deckel
1 kleines Becherglas
1 Teelöffel
1 Rührstab
100 ml destilliertes Wasser
4 Teelöffel (5 g) SoFiW 50 %
$^1/_2$ Teelöffel (1,25 g) Xanthan
$^1/_2$ Teelöffel (1,25 g) D-Panthenol
15 Tropfen Heliozimt K

So wird's gemacht:

D-Panthenol im Behälter mit Xanthan verrühren. Im Becherglas Wasser und SoFiW mischen, diese Mischung in den Behälter schütten. Heliozimt dazugeben, das Glas verschließen und 30 Sekunden schütteln. Eventuelle Klümpchen nach 30 Minuten noch einmal schütteln, bis ein Gel entsteht. Haltbarkeit: sechs Wochen. Sonnenschutzfaktor: 5 (auch mehr SoFiW 50 % ergibt keinen höheren Faktor).

SPORT: Die ALTERNATIVE

Du kennst das: Du sitzt mit deiner Freundin gerade so gemütlich zusammen und hast kein bisschen Lust aufs Training. Früher hättest du keine einzige Stunde versäumt. Aber jetzt hältst du den Langschläferrekord der Familie, und für die sonntäglichen Spaziergänge zur Dorfruine zauberst du noch nicht einmal ein müdes Lächeln ins Gesicht. Auch hier gilt: Nur was dir Spaß macht, bringt dich in Schwung. Du solltest aber nicht völlig auf Bewegung verzichten. Bewegung bringt den Kreislauf auf Touren, du spürst deinen Körper und bietest ihm einen Ausgleich für die viele Sitzerei in der Schule und über den Hausaufgaben. Schau dich einfach mal um, welche Sportart dir Spaß machen könnte. Viele Vereine und Sportschulen bieten Schnupperstunden an. Und zu zweit macht's ohnehin mehr Laune.

Droge ohne Rezept

Ob in New York oder Kleinkleckersdorf: Ein Marathon misst 42,195 Kilometer. Nicht ungefähr 40 oder so um die 50, hier zählt jeder Meter. Heute trainiert Sandra nur die 25-Kilometer-Strecke. Unlustig trippelt sie über den Waldboden. Als trüge sie Bleisohlen, so schwer schleppt sich ihr Schritt. Dass sie die Strecke auch heute schafft, nein, daran zweifelt Sandra nicht im Geringsten. Sie ist Laufprofi. Hinterher wird's ihr gut gehen, wie immer, wenn sie sich aufgerafft hat.

Nach den ersten Kilometern ist das Unlustgefühl verflogen. Schade, dass ihre Freundin heute nicht mitläuft. 25 Kilometer können ganz schön langweilig sein. Dann eben ohne nette Plauderei. Beim Laufen sprechen – für atemlose Anfänger ein Unding.

Zeit zum Nachdenken und Umgucken. Sandra lässt die Landschaft an sich vorüberziehen. Sie kann die Obstbäume riechen, bevor sie um die Ecke biegt. Der Atem geht ruhig, kein Geschnaufe mit hochrotem Kopf. Ihr Körper hat sich darauf eingestellt, für längere Zeit Energie bereitzustellen. Das Herz schlägt langsamer, der Atem ist gleichmäßig.

Sandra läuft, läuft und läuft – und denkt irgendwann gar nichts mehr. Der Kopf ist frei, so erleichtert. Füße, Beine, alles bewegt sich von allein, als ob eine Maschine rotiert. Leicht wie ein frischer Wind scheint sie über den Boden zu schweben. So als hätten die Gelenke nicht ein Vielfaches des Körpergewichts zu tragen. „Naturstoned", denkt Sandra. „Man sieht die Bäume, aber wie durch eine gläserne Wand."

Klarer Fall von Endorphin. Wenn der Körper einer hohen Belastung ausgesetzt ist oder starke Schmerzen auftreten, schüttet er das körpereigene Hormon aus. Es wirkt schmerzdämpfend und beruhigend – wie eine Droge. Wenn Sandra ein paar Tage nicht läuft, fühlt sie sich fahrig, nervös, rastlos. „Dann fehlt mir was." Jenes angenehme Gefühl, das sie für die Schinderei entschädigt.

Beim Marathonlauf wäre Sandra jetzt fast schon an „der Wand" angekommen. „Die Wand" ist die Leistungsgrenze, an der jemand der Läuferin zuzuflüstern scheint: „Hör auf, gib auf, du kannst nicht mehr." Sandra gibt nicht auf. „Die Wand", sagen Mediziner, „ist nichts anderes als ein Erschöpfungszustand des Körpers: Sauerstoffmangel." Erst mal überwunden, trägt Euphorie ins Ziel: „Gleich habe ich's geschafft!" Das macht sogar ein bisschen schneller. Sandra geht ins Ziel – mit gleichmäßiger Gesichtsfarbe und ruhigem Atem. Eben ein Profi.

Joggen: Kostenlose Fitness

Joggen ist eine prima Sportart. Sie kostet nichts, und du kannst loslaufen, wann immer du Zeit hast. Beim Laufen wie bei allen anderen Sportarten gilt: Zuerst aufwärmen, denn ein gedehnter Muskel verletzt sich nicht so leicht. Sachte loslaufen und den Kreislauf langsam aktivieren. Bist du Anfängerin, kannst du abwechselnd laufen – zwei bis fünf Minuten – und danach eine genauso lange Gehpause einlegen. Beim Gehen erholt sich dein Körper wieder. Diesen Rhythmus kannst du eine halbe Stunde lang durchziehen. Zweimal pro Woche Training ist das Minimum, dreimal bringt schon deutliche Fortschritte. Nach und nach kannst du deine Gehpausen verkürzen und die Laufintervalle verlängern. Wer sich auf eine Stunde steigert, beugt bereits Herz- und Kreislauferkrankungen vor, hält auch im Alltag mehr aus und baut Fettpolster ab. Der Körper braucht allerdings den permanenten Reiz, also nicht eine Woche durchpowern und einen Monat aussetzen, sondern langsam, aber konsequent das Pensum steigern. Auf keinen Fall übertreiben: An hohen Zielen zu scheitern, das frustriert nur.

ESS-STÖRUNGEN

Eine Scheibe Knäckebrot, eine Messerspitze Magerquark, 20 Gramm geraspelter Apfel – eine normale Diät. Etwa drei Viertel aller Frauen haben irgendwann in ihrem Leben eine Schlankheitskur gemacht. Egal, ob sie dick, normalgewichtig oder dünn sind. Das Ziel ist stets das gleiche: schlank zu sein. Schlankheit, das scheint Erfolg, Schwung, Selbstbewusstsein und Temperament zu verkörpern. Doch Diäten können Einstiegsdrogen sein. Der Einstieg in eine Ess-Störung. Alles dreht sich ums Essen oder Nicht-Essen, um Kalorien und Joule, um hungern, essen und wieder hungern. Ess-Störungen sind Krankheiten.

In der Pubertät ist auf einmal alles anders. Dein Körper scheint dir fremd zu werden. Er verändert sich, und du fühlst dich vielleicht nicht mehr wohl in deiner Haut. Du beäugst dich kritisch im Spiegel. Gleichzeitig fühlst du dich von dem Frauwerden überrumpelt und weißt gar nicht, was du nun bist: Kind oder Frau, Mädchen, Teenager oder junge Lady, und was von dir erwartet wird. So geht es vielen Mädchen in deinem Alter.

Wenn ein Mädchen sehr stark damit zu kämpfen hat und sehr verunsichert ist, kann es sein, dass sie für sich das Ziel setzt, eine perfekte Frau sein zu wollen. Und die perfekte Frau, so wird ihr von Litfaßsäulen, in Filmen und auf Bildern vorgegaukelt, ist natürlich schlank. Und schlank ist schön, eine Schlanke hat alles im Griff und sich ganz besonders.

Mit Haut und Knochen

Georgia ist 16 Jahre. Sie ist auffallend schlank, und das finden alle toll. Sie ist eine gute Schülerin, beliebt und hübsch. Georgia trainiert auch wie eine Besessene. Sie ist Leistungsschwimmerin. Nur kein Gramm zulegen. Trotzdem fühlt sie sich zu dick. Sie trainiert noch mehr und reduziert ihr Essen auf zwei Äpfel und einen Jogurt am Tag. Sie ist stolz, ihr Hungergefühl zu bezwingen.

Erst als ihre Monatsblutung wegbleibt, überweist die Ärztin Georgia in eine Beratungsstelle.

Georgia leidet an Magersucht. Ein magersüchtiges Mädchen hungert. Alles was so bedrohlich erscheint, hat sie eisern unter Kontrolle. Da redet ihr keiner rein. Das Essen beziehungsweise Nicht-Essen ist ein Bereich, der nur ihr allein gehört. Das Hungergefühl wird bezwungen, und sie hungert sich diese so verhassten weiblichen Formen weg. Auf den Erfolg ist sie stolz. Magersucht sieht man ja. Mit Haut und Knochen.

Eine innere Leere

Du hast bestimmt auch schon von Bulimie gehört. Damit ist die Ess-Brechsucht gemeint. Die Mädchen erleben als Folge des schulischen Stresses und ihrer Lebensbedingungen oft eine innere Leere, die sie mit Essen zu füllen versuchen. Das Mädchen stopft sich voll. Mit dem vollen Bauch rührt sich aber auch das schlechte Gewissen. Voll ist dick, und dick ist hässlich, sagt sie sich und will die Fülle wieder loswerden. Sie steckt den Finger in den Hals und erbricht oder nimmt Abführmittel. Das maßlose Essen und das Erbrechen passieren meist heimlich. Niemand darf davon wissen.

Platz gemacht

Susanne isst immer. Wenn sie sich ärgert, wenn sie wütend ist oder traurig, aus Langeweile oder im Stress. Diäten hat sie schon unzählige probiert. Aber danach war es umso schlimmer. Die Pfunde kamen schneller, als sie purzelten. Hinter ihrem Rücken wird schon getuschelt: „unbeherrscht, träge, faul, verfressen". Aus Frust isst Susanne dann noch mehr. Inzwischen ist ihr Bluthochdruck bedenklich.

Susanne ist esssüchtig. Unter Ess-Sucht leiden Menschen, denen ihr Gefühl für Hunger und Sattsein verloren gegangen ist. Sie essen immerzu und haben schon viele Diäten probiert. Dicke Frauen machen sich Platz, anders ausgedrückt: Sie machen sich nicht dünne. Aber auch sie finden keinen anderen Weg, um ihre Gefühle zu zeigen. Sie schlucken sie herunter und holen sich mit Essen das, was sie auf andere Weise nicht bekommen.

Wen trifft's?

90 Prozent der Betroffenen sind Mädchen und Frauen. Aber auch bei Männern tauchen Ess-Störungen immer häufiger auf. Schlank und fit zu sein, das wird auch zunehmend von ihnen verlangt. Allerdings wäre es zu einfach, der Werbung die Schuld zu geben, die immerzu schöne, schlanke Menschen präsentiert. Vom Plakateanschauen wird niemand essgestört. Natürlich bekräftigt die Werbung ein Ideal. Nach dem Motto: „Wenn ich so aussehe, dann habe ich Erfolg." Aber auch das führt nicht bei jedem Mädchen zu einer Ess-Störung. Die Ursachen für eine Magersucht sind vielfältig und können auch in der Familie liegen. Die innere Leere, das Gefühl von Sinnlosigkeit und das Empfinden, nicht wertvoll zu sein, werden mit Essen gestopft und mit Hunger kontrolliert. Bei Essgestörten wird die Beschäftigung mit Nahrung zum Ersatz.

Was tun?

Wenn du bei deiner Freundin eine Ess-Störung vermutest, sprich sie darauf an. Magersucht kann lebensgefährlich sein. Bei Bulimikerinnen kann es zu Haar- und Zahnausfall kommen, zu Nierenschäden und Herzrhythmusstörungen. Ess-Süchtige belasten mit dem Übergewicht ihr Herz und den Kreislauf. Folgen können Schlaganfälle, Herzinfarkte, Leberschäden sein. Es gibt spezielle Beratungsstellen, die essgestörten Mädchen helfen. Durch Diät lernt man jedenfalls nicht, normal zu essen. Ziel ist ja, wieder Spaß und Genuss am Essen zu bekommen – ohne Schuldgefühle.

Im „Gleich-Gewicht"

Übrigens: Ob du eher zu Fülligkeit neigst oder zu einem schlankeren Körperbau, hat viel mit Erbanlagen zu tun. Expertinnen gehen davon aus, dass jede ihr „Gleich-Gewicht" hat, das sich trotz aller Diäten immer wieder einpendelt. Machst du ständig Diäten, kann das auf Dauer sogar zu Übergewicht führen. Isst du nämlich nach einer Hungerprozedur wieder normal, vermehren sich auch deine Fettzellen, um sich gegen die nächste Hungerattacke zu wappnen.

WENN'S JUCKT UND BRENNT

Geschlechtskrankheiten heißen so, weil sie beim Miteinanderschlafen übertragen werden. Sie sind auch ansteckend. Am bekanntesten sind Tripper (Gonorrhoe) und Syphilis. Aber es gibt auch andere Krankheiten und Beschwerden, die an deinen Geschlechtsteilen auftauchen können, manchmal auch ohne dass du mit jemandem körperlichen Kontakt hattest.

Iiih – wie eklig?

Geschlechtskrankheiten, das hört sich schon so fies an. Kein Mensch macht bei Herpesbläschen am Mund oder bei Fußpilz so einen Zirkus. Stattdessen handelst du schnell: Du gehst zur Ärztin, lässt einen Befund machen, nimmst das Medikament wie vorgeschrieben und passt auf, dass du niemanden ansteckst. Genauso solltest du auch vorgehen, wenn du in deiner Scheidengegend etwas Ungewöhnliches feststellst, zum Beispiel Brennen beim Pinkeln, kleine Knoten oder Geschwüre, Jucken oder Ausfluss. Krankheiten an deiner Scheide und am After kommen nicht davon, dass du mit verschiedenen Jungen geschlafen hast. Dadurch steigt allenfalls das Risiko, auf jemanden zu treffen, der dich ansteckt. Du solltest darauf achten, dass nichts in deine Scheide gelangt, was vorher in deinem Po war (Finger, Penis). Eine Regel heißt: Nichts soll in die Scheide, was du nicht auch in den Mund stecken würdest. Auf keinen Fall solltest du deine Körperzeichen übergehen. Manchmal verschwinden die Symptome wieder, während sich die Krankheitserreger weiter in deinem Körper ausbreiten. Alle Krankheiten sind mit Medikamenten zu behandeln, je früher desto leichter. Immer muss auch dein Partner mitbehandelt werden, selbst wenn er vielleicht gar keine Beschwerden hat. Er kann den Erreger beim nächsten Sex wieder übertragen, und du bist erneut angesteckt. Alle diese Krankheiten kannst du übrigens auch verhindern: Wenn ihr zwei ein Kondom benutzt (siehe Seiten 98 und 99).

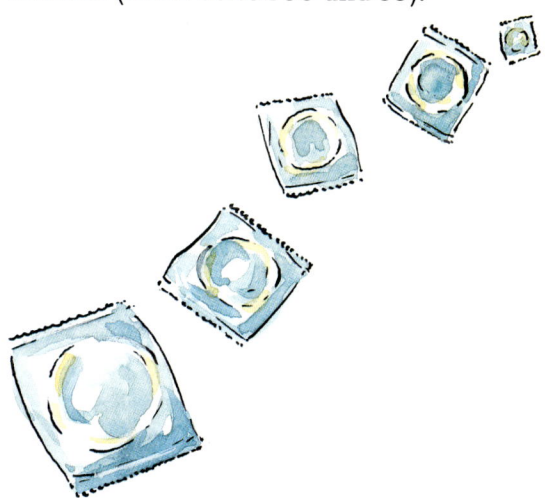

AIDS: KEINE ANGST VOR SEX

Aids ist eine sexuell übertragbare Krankheit mit tödlichem Ausgang. Gegen Aids ist noch kein Heilmittel und kein Impfstoff gefunden worden. Aids (Acquired Immune Deficiency Syndrome) schwächt das körpereigene Abwehrsystem, und der Körper ist wehrlos gegen Keime, die ein gesunder Mensch abwehren kann. An normalerweise harmlosen Krankheiten kann ein Aids-Kranker sterben.

Aids wird durch Viren ausgelöst, die HI-Viren (Humanes Immundefekt Virus), die die Zellen des Abwehrsystems befallen und sie schließlich zerstören.

Jemand kann HIV-infiziert sein, ohne dass Aids sofort ausbricht. Manchmal können zwischen Infektion und Ausbruch Jahre vergehen.

FALSCH

99 Aids kriegen nur Schwule und Fixer. 66

Das ist nicht nur Unsinn. Es wiegt dich auch in falscher Sicherheit, wenn du nun denkst: Homosexuell bin ich nicht, drogenabhängig auch nicht, also kann nichts passieren. Heterosexuelle, also Menschen, die für die Liebe und den Sex das andere Geschlecht bevorzugen, sind genauso gefährdet, wenn sie mit einem infizierten Menschen ungeschützt Sex haben.

Aids scheint für nicht wenige Leute eine willkommene Krankheit zu sein. Das klingt paradox? Ganz und gar nicht. Wer gegen eine „verkommene" Moral wettert, sich über Partnerwechsel aufregt und Homosexualität als „wider die Natur" bezeichnet, für den ist Aids so etwas wie die „Strafe Gottes". Nach dem Motto: „Das habt ihr nun von eurem Lotterleben." Das ist Quatsch. Syphilis war ebenfalls – bis zur Entdeckung des Penicillins – eine tödliche Krankheit. Diese Krankheit ist auch nicht durch Treue, sondern durch Medikamente besiegt worden.

GANZ FALSCH

99 Wenn ich jemanden gut kenne, kann mir nichts passieren. 66

Ob jemand mit dem HI-Virus infiziert ist, sieht man nicht. Vielleicht weiß er oder sie es selbst auch nicht. Da wird vor Jungs und Männern gewarnt, „die es mit jeder tun", vor solchen, die du nicht so gut kennst oder besonders vor Männern aus Schwarzafrika, New York und Kalifornien. Gemeingefährlich ist allenfalls diese Einordnung. Was heißt es, jemanden gut zu kennen? Wenn du einmal mit ihm geschlafen hast, kennst du ihn doch, oder? Sonst würdest du wahrscheinlich keinen Sex mit ihm wollen. Ob ein Mensch infiziert ist oder nicht, macht sich jedenfalls nicht daran fest, dass du ihn jeden Samstagabend in der Disco triffst oder er schon fünf Jahre in deine Parallelklasse geht. Es wird vermutet, dass ein einziger sexueller Kontakt mit einem infizierten Menschen reichen könnte, um sich anzustecken.

Richtig, aber

99 Treue ist der beste Schutz. 66

Okay, wenn du mit 14 Jahren schon weißt, dass du die nächsten 65 Jahre mit niemand anderem schläfst als mit deinem Freund und auch er keine anderen sexuellen Kontakte hat und ihr beide auch miteinander eure ersten sexuellen Erfahrungen hattet, dann hat Aids für euch keine Bedeutung.

Na und?

99 Ich bin doch getestet. 66

Der HIV-Antikörpertest, oft auch fälschlicherweise Aids-Test genannt, kann lediglich die Antikörper nachweisen, die sich nach einer HIV-Infektion im Blut bilden.

Wenn du dich nun testen lässt und der Test fällt negativ aus, sprich: es werden keine Antikörper nachgewiesen, sagt das etwas über die Vergangenheit aus. Sonst nichts. Bist du gestern getestet worden und hast heute ungeschützten Verkehr mit einem infizierten Menschen, kannst du morgen den Virus haben. Und: Der Test schützt nicht vor einer Infektion. Da sich die Antikörper auch erst nach einiger Zeit bilden, musst du vier Monate später den Test wiederholen. Dann bist du mit ziemlicher Sicherheit nicht infiziert. Diesen Test muss dein Freund aber genauso machen. Dann könnt ihr auf Kondome verzichten und anders verhüten. Aber: Jeder Seitensprung braucht ein Kondom.

Richtig

99 Gegen die Angst vor einer Infizierung helfen Wissen und Kondome. 66

Stimmt. Der HI-Virus ist empfindlich, die Übertragung schwer. Wenn Körperflüssigkeiten eines infizierten Menschen ins Blut eines anderen geraten, kann es zu einer Infektion kommen. Im Klartext: beim Miteinanderschlafen ohne Kondom. Noch klarer: bei einem Samenerguss in deine Scheide, deinen Po oder deinen

Mund. Oder: durch den Austausch von Spritzen. Oder: durch direkten Austausch von Blut, zum Beispiel bei Bluttransfusionen. Deshalb muss sich bei uns jeder Blutspender einem HIV-Test unterziehen. Auch wenn du menstruierst. Immer gesetzt den Fall, einer von euch beiden ist HIV-positiv.

Dann gilt: Spritzen nur einmal benutzen. Ein Kondom überrollen. (Das geht auch bei Oralverkehr, also wenn du den Penis deines Freundes leckst – wie? Na, drüberrollen – mit Erdbeer- oder Pfefferminzgeschmack – ganz nach Wunsch.)

99 Was ist mit Knutschen und Fummeln? 66

Der Virus wurde zwar auch in Speichel und Tränen nachgewiesen, aber die Menge ist für eine Ansteckung zu gering. Drei bis vier Liter Speichel müssten auf einmal in eine offene Wunde geraten, um zu einer Infektion zu führen. Das schafft die größte Kussorgie nicht.

BLÖDSINN

99 Aids macht den Sex kaputt. 66

Nein, Aids ist eine Krankheit, eine gefährliche, aber nichts anderes als eine Krankheit. Da sie sich auf sexuellem Weg über-

trägt, muss man einer Infektion vorbeugen. Und das geht prima mit Kondomen. Kondome wirken gleich dreifach: Sie schützen dich vor einer HIV-Infektion, vor Geschlechtskrankheiten und einer ungewollten Schwangerschaft. Welche Kondome ihr am besten verwendet und wie sie richtig benutzt werden, kannst du auf Seite 98 nachlesen. Mach einfach mal den Bananentest.

99 Gibt's eine Alternative zu Kondomen? 66

Ja, ins Kloster gehen und nie (wieder) Sex haben. Oder nur noch mit getesteten Jungen schlafen. Weil es für dich aber wahrscheinlich nicht in Frage kommt, Nonne zu werden oder jetzt Treue bis ans Lebensende zu schwören, gibt's keine Alternative zu Kondomen. Damit schützt du dich und andere. Die Verantwortung für dein Leben hast du in der Hand.

Mach's nie ohne!

DROGEN: RAUSCHENDE DRÖHNUNG

Erwachsene warnen vor Drogen. Dabei glimmt manchmal in der linken Hand die Zigarette, die rechte umklammert die Bierflasche. Eigentlich ist da gar kein Platz mehr für den drohenden Zeigefinger. Soll heißen: Es gibt Drogen und Rauschmittel, die akzeptiert sind und massenhaft konsumiert werden wie Zigaretten und Alkohol. Und es gibt Drogen, die illegal sind, wie Heroin, Kokain, LSD oder Ecstasy.

Droge ist nicht gleich Droge

Manche Drogen putschen auf oder bewirken Glücksgefühle, andere dämpfen oder erzeugen irreale Wahrnehmungen. Egal ob geschnupft, geschnüffelt, geschluckt, geraucht oder gespritzt wird – meistens geht's uns dabei nicht um die religiöse Erleuchtung und schon lange nicht mehr um Bewusstseinserweiterung. Sondern ums Mit- und Nachmachen, um dazuzugehören und nicht außen vor zu bleiben, um die Suche nach dem Fluchtweg – weg von Langeweile, Stress, Alltag oder Problemen hin zum Kick – und manchmal auch zum Vergnügen. Drogen zu verteufeln, ist Quatsch. Das Verbot von harten Drogen hält Süchtige nicht vom Spritzen und Sniffen ab.

Alkohol

Das Suchtmittel Nummer eins. Du kennst das sicherlich – zu viel war's, wenn dir leicht schummerig im Kopf ist und dich am Morgen ein Kater quält. Ein leichter Rausch ist eine kleine Vergiftung des Gehirns. Alkohol lähmt, auch wenn du vielleicht glaubst, er beflügelt dich. Du wirst nicht lockerer und weniger schüchtern, jemanden anzusprechen, sondern enthemmter. Ohne Alkohol weißt du, welches Verhalten im Umgang mit anderen Menschen von dir erwartet wird. Dieser Kontrollmechanismus wird abgeschwächt.

Aufgepasst: Nicht auf nüchternen Magen, keine „harten" Sachen, sich bei niemanden ins Auto setzen, der getrunken hat. Und nicht zu vergessen: Nicht jeder verträgt das Gleiche.

Nikotin

Es stinkt, macht krank, ist teuer und belästigt. Nikotin regt an und beruhigt – je nach Zustand.

Gelegentliches Rauchen ist offensichtlich harmlos, aber wer schafft das schon. Die meisten rauchen – in der Pause, um sich die Zeit zu vertreiben, vor dem Essen, um die Zeit zu verkürzen, nach dem Essen, um noch Zeit zu schinden.

Übrigens: Wenn du schon glaubst, du musst mithalten – dann paffe nur, die Lunge ist nämlich nachtragend.

Haschisch/Marihuana

Beide gelten als weiche Drogen. Es gibt immer wieder Forderungen, die weichen Drogen freizugeben. Das heißt aber nicht, dass sie deswegen völlig unschädlich und ohne Nebenwirkungen sind. Alkohol und Nikotin zu sich zu nehmen, ist ja auch nicht strafbar. Eine Freigabe wäre dann sinnvoll, wenn die Inhaltsstoffe kontrolliert würden. Heute an der Ecke ein „Piece" gekauft, birgt auch immer ein Risiko. Vielleicht rauchst du ein bisschen Schuhcreme mit – das Zeug wird eben mit allem Möglichen gestreckt. Dass Hasch eine Einstiegsdroge für härtere Suchtmittel wie Heroin sein soll, ist widerlegt. Von 100 Heroinabhängigen haben zwar 90 vorher Cannabis (Hanf) geraucht, aber 95 zuvor Zigaretten. Ist Nikotin deshalb der Einstieg zum Junkie-Dasein? Allerdings kann Hasch ein Einstieg in die (illegale) Szene sein, wo's dann auch andere Drogen gibt. Denn Dealer brauchen Dauerkunden.

Wer mal nüchtern eine Gruppe von Leuten beobachtet, in der die Joints kursieren, stellt Folgendes fest: Sie kichern häufig in sich hinein, wirken entspannt, aber es ist nichts mit ihnen anzufangen. Ihre Gespräche laufen zielsicher aneinander vorbei, wogegen sie davon überzeugt sind, besonders intensiv aufeinander zugegangen zu sein. Es kommt eben darauf an, in welchem seelischen Zustand man raucht. Wer Hasch raucht, weil er sich unsicher fühlt, verwandelt sich auf jeden Fall nicht in einen selbstsicheren Menschen. Wer raucht, weil er alles so beschissen findet, wird beim Nachlassen der Droge dieselbe Welt vorfinden.

Ecstasy

Darunter werden alle möglichen Substanzen angeboten. Ecstasy ist eine Harmoniedroge und wirkt auf das Gehirn.

Experten sagen, dass Jugendliche, die die Pillen schlucken, Gefahr laufen, genau das System in ihrem Gehirn zu zerstören, dass für die Fähigkeit, Freude, Glück und Zufriedenheit zu empfinden, zuständig ist.

Wenn du Folgendes auf dem Beipackzettel eines Medikaments lesen würdest: Blutdrucksteigerung, Pupillenerweiterung, Drosselung der Darmtätigkeit, Steigerung der Herzfrequenz, Verengung der Hautgefäße, leichte Abnahme des Hör- und Sehvermögens, leichte Steifheit in den Gliedmaßen, schnellerer Herzschlag, Appetitlosigkeit – du würdest die Tabletten wahrscheinlich wegwerfen. Aber genau dies sind die Nebenwirkungen von Ecstasy, das vor allem auf Techno-Partys geschluckt wird. Gefährlich ist neben Überdosierung und Verunreinigungen vor allem der Dauergebrauch, der eine Persönlichkeitsveränderung, psychische Abhängigkeit und schwere körperliche Schäden bewirken kann.

Speed (Amphetamine)

putscht auf. Speed wird genommen, um „durchzuraven", auch nachts kein Müdigkeitsgefühl zu spüren und das ganze Wochenende „voll drauf" zu sein. Drei Tage lang ohne Schlaf auf Speed zu sein, kann zum völligen Zusammenbruch führen. Speed ist oft gestreckt – du führst deinem Körper eine unkalkulierbare Giftmischung zu.

Kokain

ist eine Egodroge. Führt zu psychischer Abhängigkeit und bei Dauergebrauch zu Veränderungen deiner Persönlichkeit.

LSD

macht nicht körperlich abhängig, kann aber Horrortrips und extreme Angstzustände hervorrufen. Flash backs nicht ausgeschlossen – du bist auf dem Trip, ohne etwas genommen zu haben, oder – weit gefährlicher – du bleibst auf einem Trip hängen.

Sind Designerdrogen gefährlich?

Ecstasy, Speed und LSD (Acid) gehören zu den so genannten Party- oder Designerdrogen. Designerdrogen heißen sie deshalb, weil sie im Labor chemisch entworfen (designed) werden.

Eine Pille macht noch nicht abhängig, genauso wie drei Gläser Bier dich nicht zur Alkoholikerin machen. Wenn du dir aber jedes Wochenende Pillen einwirfst, weil dich das auf den Partys gut drauf bringt, bist du extrem gefährdet. Drogen verstärken lediglich die Stimmungen, die du schon in dir hast. Und wenn du jemand während eines „E"-Films ganz klasse findest – schau ihn dir lieber auch mal nüchtern an.

Tipps: nicht verschiedene Drogen gleichzeitig nehmen; bei Ecstasy viel trinken (aber keinen Alkohol), Frischluftpausen gegen Überhitzung einlegen und Mütze abnehmen. Die Party mit Freunden besuchen, denen du vertraust. Nicht bis Sonntagabend durchpowern, sondern eine Relaxphase einlegen und richtig ausschlafen.
Aber bitte nicht vergessen: Der Besitz, Handel und Verkehr dieser Drogen ist strafbar.

GEWALT – WAS NICHTS MIT SEX ZU TUN HAT

Eine ganze Menge hat nichts mit Sex zu tun, zum Beispiel Rad fahren, Hausaufgaben machen und fernsehen. Genauso wenig passen Grabschereien, Anmache, Vergewaltigung und Sex zusammen. Miteinander schlafen und schmusen ist eine Sache, die Menschen aus freien Stücken miteinander tun. Alles, was nicht freiwillig geschieht, ist Gewalt.

Wenn du liest, dass jemand überfallen wurde, wirst du ohne Zweifel sagen: Das ist eine Gewalttat. Wer von sexueller Gewalt hört, denkt vielleicht an einen Perversen, der eine Frau vergewaltigt. An den Abartigen, der Kinder missbraucht. Aber wenn der Onkel die Vierjährige gegen ihren Willen abknutscht, sind die ersten Zweifel da. Ist das wirklich Gewalt? Wenn ein Mann am Telefon stöhnt, dass er sich gerade „einen runterholt". Wenn dir einer nachzischt: „Die bräuchte mal einen, der es richtig mit ihr macht." Ist doch nichts passiert. Wirklich nicht? Es ängstigt und bedroht, verunsichert und schüchtert ein. Alle sexuellen Handlungen und Worte, die gegen den Willen der Betroffenen geschehen, sind Gewalt.

Mädchen und Frauen gehen brenzligen Situationen aus dem Weg. Tagsüber die Parks, abends die U-Bahnen, nachts die Straßen – die haben sie längst aufgegeben. Als stünde da ein Schild: „Mädchen und Frauen haben hier nichts zu suchen."

Die letzte U-Bahn

Ein sanfter Ruck, ein weiches Rattern. Die U-Bahn schleust die letzten Fahrgäste durchs Dunkle.

Breitbeinig hockt einer auf dem zerschlitzten Kunststoffsitz. Den rechten Arm lässig über die Lehne gehängt. Er wendet den Blick nicht ab von dem Mädchen.

Es ist still im Waggon. Nur die Stimme aus dem Cockpit knattert: „Nächster Halt." Mit einem leichten Glucksen verraten die Türen, dass keiner raus und keiner rein wollte. Noch wenige Minuten bis zur Endstation. Wie beiläufig lässt sie die Augen durchs Abteil schweifen. Für einen kurzen Moment kreuzen sich die Blicke. Lässig zieht er eine Augenbraue nach oben, die Lippen entblößen unregelmäßige Zähne. Er mustert sie. Vom Kopf bis zum Oberkörper. Sie wendet sich augenblicklich ab.

„Endstation, alle aussteigen, bitte." Hastig klemmt sie ihren Rucksack unter den Arm und läuft schnell am leeren Aufzug vorbei. Vorbei am roten Notsignal, das nur kurz gedrückt werden muss, damit eine menschliche Stimme aus dem Lautsprecher knattert. Runde Betonsäulen spucken aus kleinen Waben Licht ins Unterirdische. Taghell eingesargt. Sie läuft zum Ausgang, den Mantelkragen bis über die Ohren hochgeschlagen. Der Typ ist nur wenige Meter hinter ihr.

Wie ausgestorben wirkt die Kreuzung. Unschlüssig starrt sie auf die Telefonzelle. Soll sie sich abholen lassen? Nein, die paar Schritte wird schon nichts passieren. Er geht schneller. Sie legt an Tempo zu. Am liebsten würde sie rennen. Jetzt ist er dicht hinter ihr. Sie spürt seinen schnellen Atem im Nacken. Mit zwei Fingern tippt er ihr an die Schulter. Fragt nach der Uhrzeit, einen schönen Abend noch.

Ihr Atem beruhigt sich wieder. Eigentlich ist nichts passiert. In der Polizeistatistik kommt Angst eben nicht vor.

VERLETZUNGEN OHNE KRATZER UND SCHRAMMEN

Es gibt Straftaten, die in der Regel verfolgt werden wie Sextourismus, Missbrauch von Kindern, Vergewaltigung, Inzest, Frauen zur Prostitution zwingen, Missbrauch von geistig und körperlich Behinderten und Vergewaltigung von Frauen des Feindes in Kriegen. Aber es gibt auch Gewalt, die verletzt, ohne sichtbare Spuren zu hinterlassen. Es gibt Belästigungen, die wehtun, und Anmache, die kränkt.

- Wenn sich ein Schulkamerad über deinen großen (oder deinen kleinen) Busen mit Witzen lustig macht.
- Wenn ein Mädchen als „Fotze" bezeichnet wird.
- Wenn ein Mann das Gedränge in der Bahn ausnutzt, um sich an dir zu reiben.
- Wenn dir einer im Café einen Klaps auf den Po gibt.
- Wenn dich dein Sportlehrer beim Sprung übers Pferd auffängt und dir wie unabsichtlich an den Busen fasst.
- Wenn die Jungs auf der Klassenfahrt johlend die Duschvorhänge zurückreißen, während die Mädchen duschen.

Wahrscheinlich fallen dir noch viel mehr Beispiele ein, die du selbst erlebt hast. Vermutlich kannst du dich auch erinnern, wie erschreckt du in dem Moment warst, vielleicht gelähmt vor Angst.

Macht und Kontrolle

Susan, 14: Ein Freund hat mir im Schwimmbad grinsend mein Oberteil runtergezogen: „Zeig doch, was du hast". Und dann hat er mich noch ausgelacht, „was stellste dich denn so an".

Dies sind alles Situationen, die einen Zweck haben: Ein Mädchen bloßzustellen, zu demütigen und zu beschämen. Denn darum geht es. Anmache oder Belästigung hat immer zum Ziel, den anderen zu erniedrigen. Der Belästiger will seine Macht demonstrieren. Er will dir zeigen, dass er dich und deine Reaktion kontrollieren kann. Auch Vergewaltigung ist Unterwerfung. Ein Mann will eine Frau demütigen.

Vergewaltigungen gibt es auch unter Männern, beispielsweise im Gefängnis. Das hat jedoch nicht unbedingt etwas mit Gewalt unter Homosexuellen zu tun. Ganz im Gegenteil: Die Männer haben draußen durchaus Beziehungen zu Frauen. Auch hier hat die Tat den Zweck, die Hierarchie unter den Häftlingen auszudrücken.

Prüde und zickig?

An viele Demütigungen haben sich
Mädchen und Frauen gewöhnt. Manchmal werden sie gar nicht als solche wahr-
genommen. Mädchen, die sich gegen
belästigendes Verhalten wehren, werden
sogar als prüde und zickig bezeichnet.
„Stell dich nicht so an, da ist doch nichts
dabei", heißt es dann, wenn ein anzügli-
cher Witz mal wieder auf deine Kosten
ging. Es kann auch verunsichern, wenn
nicht nur die Jungs lachen, sondern auch
Mädchen. Man stellt sich dann automatisch die Frage, ob man nicht vielleicht
doch ein wenig zu empfindlich reagiert.

Tamara, 16: Das war wirklich seltsam.
Die ganze Zeit kamen Svetlana und ich
mit den Jungs im Jugendhaus ganz gut
klar. Aber seitdem wir beide im Jugendrat sind, müssen wir uns ständig
dumme Sprüche anhören. Wir haben
jetzt auch was zu sagen, und deshalb
versuchen sie jetzt auf 'ner anderen
Schiene, uns runterzumachen.

Ob dich etwas kränkt oder verletzt,
kannst nur du selbst entscheiden. Dafür
gibt es keine Maße und Regeln. Es hat
immer mit deinen Erfahrungen und deinen Gefühlen zu tun. Auch wenn andere

Mädchen bereitwillig über die schnell
hingeschmierte, schlüpfrige Zeichnung
an der Tafel grinsen, heißt das nicht
unbedingt, dass sie das auch toll finden.
Vielleicht trauen sie sich einfach nicht
aufzumucken. Vielleicht fürchten sie sich
davor, als humorlos abgestempelt zu werden. Vielleicht hoffen sie auch auf Anerkennung bei den Jungs.

Und dann will sie ja doch ...

Man muss sich nicht unbedingt Porno-
filme anschauen, um sich zu wundern.
Auch die Werbung bedient sich oft der
Frauen. Leicht bekleidet räkeln sich gut
aussehende Models dekorativ auf den
Kühlerhauben von Autos. Sodass der Eindruck entsteht, Frauen und nicht etwa
das Produkt, für das sie werben, seien
käuflich.

Auch Jungs in deinem Alter, dein Freund und deine Schulkameraden kennen diese Werbung. Sie haben sich vermutlich schon mal Sexfilme angesehen und Heftchen mit nackten Frauen angeschaut. Durch solche Bilder prägt sich die Vorstellung ein, dass sich Mädchen immer ein bisschen zieren und man(n) doch nachhelfen muss, um zu seinem Willen zu kommen. Manche Männer glauben daher, dass Mädchen und Frauen ihnen jederzeit zur Verfügung zu stehen haben. Wenn diese Männer dann starke und selbstbewusste Mädchen kennen lernen, gerät ihre Vorstellung ins Wanken.

Das Recht, Nein zu sagen

Du bist verliebt, ihr küsst euch, er will mit dir schlafen, du aber nicht mit ihm. Er setzt dich unter Druck. Er signalisiert dir, dass er sich dann eben eine andere Freundin sucht. Er sagt, es sei normal, miteinander zu schlafen, wenn man sich schon geküsst hat. Er gibt dir zu verstehen, dass er dich nicht ohne Gegenleistung ins Kino eingeladen hat.

Du hast immer das Recht, Nein zu sagen. Zu jedem Zeitpunkt. Überleg mal: Was ist dir an einem Mann wichtig? Mal abgesehen vom Äußeren. Sicherlich möchtest du keinen, der dir über den Mund fährt oder dich in Gegenwart seiner Freunde links liegen lässt. Das alles hat mit Respekt und Achtung dir gegenüber zu tun. Jemand achtet dich aber nicht, wenn er über deinen Willen hinwegtrampelt und dich unter Druck setzt. Damit geht dein Selbstwertgefühl Stück für Stück kaputt.

VERGEWALTIGUNG

Eine Vergewaltigung liegt dann vor, wenn ein Mann eine Frau zum Geschlechtsverkehr zwingt und sie dabei bedroht oder ihr Gewalt antut. Alle anderen sexuellen Handlungen gegen den Willen der Frau fallen im strafrechtlichen Sinne unter „sexuelle Nötigung". Nicht jede Vergewaltigung wird bei der

Ob eine Frau die Straftat anzeigen soll oder nicht, muss sie selbst entscheiden. Und diese Entscheidung fällt vielen Frauen nicht leicht. Bei keinem anderen Verbrechen als bei der Vergewaltigung muss das Opfer seine Unschuld beweisen. Frauen berichteten von entwürdigenden Fragen bei der Polizei oder in der Gerichtsverhandlung. In einer Situation, in der die Frau körperlich und seelisch verletzt wurde, kann das wie eine zweite

Polizei angezeigt. Die Dunkelziffer ist hoch. Nur schätzungsweise jede fünfte bis zehnte vergewaltigte Frau entschließt sich, zur Polizei zu gehen. Ein Grund für das Schweigen ist Angst. Angst vor dem Prozess. Angst, darüber sprechen zu müssen. Angst, dem Vergewaltiger noch einmal zu begegnen. Angst, dass ihnen nicht geglaubt wird.

Gewalttat wirken. Eine Frau muss sich auch bewusst machen, dass eine Anzeige nicht zugleich eine Verurteilung bedeutet.
Eine versuchte oder vollzogene Vergewaltigung anzuzeigen, ist aber zumindest der Versuch, andere Frauen vor dem Täter zu schützen. Darüber hinaus ist es eine Form der Gegenwehr.

„ Vergewaltiger sind pervers oder geistesgestört. "

Wenn du einen typischen Belästiger oder Vergewaltiger beschreiben solltest, was würde dir einfallen? Hässlich, mit platter Nase und niedriger Stirn? Vielleicht behindert, vereinsamt, psychisch krank, einer, der Probleme hat, bei Frauen zu landen. Weit gefehlt. Bei Vergewaltigern handelt es sich nicht um kranke, perverse Menschen. Die Zahl der tatsächlich geistesgestörten Sexualstraftäter wird auf ein Prozent geschätzt. Es sind normale Männer: mehr oder weniger gut aussehend, verheiratet, ledig oder geschieden, Singles oder Familienväter, die normal verdienen und einen Beruf haben. Es sei denn, man bezeichnet alle Männer, die Frauen unterwerfen und ihren Willen brechen möchten, als pervers.

Immer noch **existieren**

„ Vergewaltiger sind Fremde. "

Das ist ein Trugschluss. Etwa drei Viertel der Männer, die eine Frau vergewaltigten, waren mit der Frau entweder verwandt, mit ihr bekannt oder kannten sie flüchtig. Also Nachbarn, Väter, Freunde, Kollegen, Onkel, Opas, Brüder, Schulkameraden, Lehrer, Ärzte, Trainer, der Cousin der Mitschülerin, der nette Typ von der Party. Nur jeder fünfte Täter ist tatsächlich der große Unbekannte. Weil Frauen aber nicht jedem Mann misstrauen können, lenken sie ihre Angst nach draußen. Auf Orte, die ohnehin unheimlich sind wie U-Bahn-Stationen, oder auf Plätze, die auch Männern Angst machen.

„ Frauen träumen oft genug davon, „genommen" zu werden. "

Es mag sein, dass es Frauen gibt, denen es in ihren sexuellen Fantasien Lust bereitet, von einem Mann überwältigt zu werden. Doch das sind Fantasien, die sich wie ein Film im Kopf abspielen und je nach Regie und Drehbuch abgeschaltet, umgekehrt und verändert werden können. In der Realität möchten Frauen keinesfalls vergewaltigt werden. Eine Vergewaltigung hinterlässt immer Narben auf der Seele.

viele Irrtümer

99 Frauen sind oft auch mit schuld. 66

Dahinter steckt die Behauptung, Frauen hätten durch ihr Auftreten oder ihre Kleidung die Belästigung, Anmache oder Vergewaltigung herausgefordert. Weil sie keinen BH trug, wie der Verteidiger eines Vergewaltigers in einer Gerichtsverhandlung einmal argumentierte. Weil sie einen Minirock trug. Drehen wir den Spieß doch einmal um. Käme eine Frau auf die Idee, einem Mann Gewalt anzutun, weil er enge Jeans trägt, die seinen knackigen Po zur Geltung bringen?

ver **sexuelle**

Nein, das würde sie nicht tun. Selbst wenn eine Frau nackt vor einem Mann steht, hat er nicht das Recht, sie anzufassen, wenn sie es nicht erlaubt.

Frauen wird häufig unterstellt, sie provozieren eine Vergewaltigung, weil sie nachts auf der Straße spazieren gingen oder zu später Stunde im Café säßen. Nach dieser Logik müsste jedem Raubopfer vorgeworfen werden, selbst schuld zu sein, wenn es mit einem Geldbeutel in der Hosentasche unterwegs ist und überfallen wird.

99 Wenn es keine Prostituierten gäbe, würden noch mehr Vergewaltigungen geschehen. 66

Dahinter steckt die Vorstellung, der Mann sei ein Wesen, das nach langer sexueller Enthaltsamkeit von einem Triebstau befallen wird und diesen abreagieren

Gewalt.

muss. Findet er nicht schnell genug ein Bordell, muss er eine Frau überfallen. Das ist Unsinn, da es bei Vergewaltigung nicht um Sex geht, sondern um Macht und Unterwerfung. Belästigungen und Vergewaltigungen sind in den meisten Fällen geplant. Männer werden genauso wenig von unkontrollierbaren Mächten heimgesucht wie Frauen. Und es schafft ja wohl jeder, trotz unbändigen Hungers an einem Fast-Food-Laden vorbeizugehen, ohne die Scheibe einzuschlagen.

Hilfe beim „Notruf"

Es ist absolut keine Schmach, sich jemandem anzuvertrauen, der aus diesen Gefühlen der Verzweiflung heraushilft. Vielleicht sind Freunde, Eltern und Bekannte damit überfordert. Deshalb kann es hilfreicher sein, sich an Frauen zu wenden, die wissen, was du durchmachst. Anlaufstellen sind beispielsweise Frauenzentren oder der „Notruf für vergewaltigte Frauen". Vielleicht gibt es in der Nähe deines Wohnortes eine Gruppe mit Frauen, denen Ähnliches passiert ist.
In einer Beratungsstelle erfährst du auch, wie du vorgehen musst, wenn du dich entschieden hast, den Mann anzuzeigen. Es ist beispielsweise wichtig, dass sich eine vergewaltigte Frau nach der Tat ärztlich untersuchen lässt, um Verletzungen behandeln zu lassen und sie zu dokumentieren. Das ist später für die Gerichtsverhandlung von Bedeutung. Außerdem muss eine Schwangerschaft verhindert werden. Die Ärztin kann dir die „Pille danach" geben (siehe Seite 112). Eine vergewaltigte Frau hat auch das Recht, die Schwangerschaft abbrechen zu lassen (siehe Seite 119). Auch wenn sie sich noch so beschmutzt fühlt, sollte sie sich nicht waschen oder die Kleidung wechseln, um keine Beweise zu beseitigen.
Es ist sinnvoll, alles aufzuschreiben, an das man sich erinnern kann. Das Protokoll kann als Gedächtnisstütze für die Verhandlung dienen. Zur Polizei kannst du eine vertraute Person mitnehmen und darauf bestehen, von einer Kriminalbeamtin befragt zu werden. Bei all diesen Vorgängen kann dir eine Rechtsanwältin helfen. Adressen können dir die Frauen vom Notruf geben.

Du bist nicht schuld

Auch wenn du dir Vorwürfe machst, weil du vielleicht mit dem Mann in die Wohnung gegangen bist oder mit ihm Alkohol getrunken hast – du bist nicht schuld. Du trägst keine Verantwortung für die Vergewaltigung. Wer dir das einreden will, entschuldigt nur die Täter. Prinzipiell kann jedes weibliche Wesen Opfer einer sexuellen Gewalttat werden, kleine Mädchen und alte Frauen, Arme und Reiche, Hübsche und weniger Hübsche.

Die Angst muss sich in Wut umwandeln

Die Faust geballt. Jede Muskelfaser des Körpers angespannt. Ein durchdringender Schrei. Zwei Hände packen ihn an den Ohren, die Daumen graben sich in die Augen. Gleichzeitig stößt das Knie zum Unterleib, er krümmt sich. Ein Schlag gegen die Nase gibt ihm den Rest. Vor lauter Schmerzen lässt er ab von der Frau, die nicht gewillt ist, ihm als Opfer zu dienen. Sie ist entkommen.

Samstag, 14 Uhr. „Frauen in Bewegung" simulieren den Ernstfall.

Sie trainieren Selbstverteidigung, um sich und ihr Leben schützen zu lernen. Zwölf Frauen und Mädchen, die Jüngste ist 15, die Älteste über 40. Unsportliche und Durchtrainierte. Mütter und Töchter, Freundinnen und Kolleginnen. Sie haben sich zum Wochenendkurs angemeldet. Weil: „Jede Frau und jedes Mädchen kann sich wehren", heißt es auf dem Flugblatt – ohne jahrelang Kampfkunsttechniken lernen zu müssen. Zwölf Frauen stehen breitbeinig vor ihrer Partnerin, halten ihre geballten Fäuste schützend vor den Kopf und schauen ihrem fiktiven Angreifer direkt in die Augen. Kein Lächeln geht über die Lippen, wenn die Handkante zielsicher seinen Hals ansteuert. „Egal, wie du ihn triffst. Hauptsache, du triffst. Egal, wie's aussieht.

Hauptsache, es ist Power dabei." Sunny Graff feuert die Frauen an. Die gebürtige US-Amerikanerin, Rechtsanwältin und Psychologin, unterrichtet seit 25 Jahren Selbstverteidigung für Mädchen und Frauen. Sie ist Weltmeisterin in Taekwondo, einer über 2000 Jahre alten koreanischen Kampfkunst.

Entscheidend ist der Wille

„Um sich wehren zu können", sagt sie, „sind Kraft und Technik zweitrangig." 99 Prozent der Selbstverteidigung sei der Wille. Zwischen zwei Techniken, ihm gegen die Nase zu hauen und ihm mit dem Knie in den Unterleib zu treten, erklärt Sunny Graff, worauf es ankommt. „Die größte Kraft, die er gegen uns in der Hand hat, ist unsere eigene Angst."
Er suche das Opfer. Doch Ziel sei, niemals die Kontrolle zu verlieren. „Ich bestimme, wie die Situation ausgeht", sagt Graff und rammt einem fiktiven Vergewaltiger beide Daumen in die Augen. Zwölf Frauen zucken erschrocken zurück. Eine schlägt beide Hände vors Gesicht, als sei sie getroffen. Sunny Graff kennt die Reaktion. Männer müssten wissen, dass sie bei einer Vergewaltigung ihr Augenlicht riskierten. Und zu den Frauen sagt sie: „Die Angst muss sich in Wut umwandeln."

Im Bauch sitzt Wut

Zwölf Frauen üben zu schreien. Erst piepsig, dann durchdringend. „Im Hals sitzt Angst, im Bauch sitzt Wut." Auf Kommando stoßen sie Schreie aus, die zusammenzucken lassen. Der kräftige Schrei setzt Energie frei. Sunny Graff zitiert eine US-amerikanische Studie: Sechs von zehn Angreifern ergriffen die Flucht, wenn die Angegriffene nur einen lauten Schrei ausstieß. Acht von zehn rannten weg, wenn sich die Frau auch körperlich wehrte.

„Aber ich traue mich nicht zuzuschlagen." Die junge Frau schaut an sich herunter: knapp 1,65 Meter, knapp 45 Kilo, eher schmächtig. Die anderen nicken. Zuschlagen und treten haben Mädchen nicht gelernt. Von klein auf wird ihnen beigebracht, Rücksicht zu nehmen und nachzugeben. „Jemanden nicht verletzen zu wollen", sagt Sunny Graff, „ist eine gute Eigenschaft. Aber wenn's um mein Leben geht, kann ich mir Rücksicht nicht leisten. Ich muss bereit sein, mich zu wehren. Das heißt, den anderen auch verletzen und ihn angriffsunfähig machen zu wollen."

Die Schwachstellen der Männer

Eines kommt Frauen dabei zugute. Der Angreifer rechnet nicht mit Widerstand. „Sofort handeln", rät die Trainerin. Handeln kann manchmal heißen, wegzulaufen oder sich umzudrehen und ihn lauthals anzufahren, manchmal auch zuzuschlagen. Und als Sunny Graff nach den Schwachpunkten bei Männern fragt, zögern die Frauen nicht lange: Unterleib, Nase, Kehlkopf zählen sie auf. Doch vor dem Handeln kommt die Wachsamkeit. Wenn ihr Alarmsystem auf rot steht, sagt die Selbstverteidigungslehrerin, sollte sie ihren Argwohn nicht missachten. „Er hat mich so komisch angeguckt", erzählt eine Teilnehmerin. Sie stand abends an der Bushaltestelle, als sich ein Typ auffällig nah neben sie setzte. Sie wurde misstrauisch. „Ich habe tief durchgeatmet und gedacht: ‚Wenn du nur irgendwas Dummes sagst, haue ich dir eine rein.' Dabei habe ich ihm ganz fest in die Augen geschaut. Schließlich hat er weggeguckt."

„Viele Frauen verschwenden ihre Energie darauf, ihren eigenen Spürsinn zu unterdrücken", erklärt Sunny Graff. „Es ist nicht wichtig, ob er dein Verhalten blöd oder unpassend findet. Du musst dich aus der Situation retten."

Und dann erzählt Sunny Graff die Geschichte aus dem Zug. Zwei Mädchen sitzen mit einem Mann im Abteil, der seinen Penis herausholt. Ein Mädchen steht auf, zeigt mit dem Finger auf den Mann und schreit: „Dieser Mann hat seinen Schwanz draußen." Laut. Einmal, zweimal. Noch lauter. Mit rotem Kopf verlässt er den Waggon. Die Teilnehmerinnen lachen. Es klingt erleichtert. „Ich habe jetzt viel mehr Mut, nach Hause zu gehen", sagt eine zum Schluss.

Ist Widerstand wirklich zwecklos?

Oft wird Mädchen und Frauen eingeredet, sie seien zu schwach, um sich gegen einen Mann zur Wehr zu setzen. Häufig machen sich Frauen auch die grausligsten Vorstellungen von Überfällen, die sie schon in Gedanken verlieren lassen.

„ Männer sind stärker als Frauen. "

Frauen können ungeahnte Kräfte entwickeln, wenn es um den Schutz anderer geht. Eine Mutter würde beispielsweise „wie eine Löwin" ihr Kind verteidigen. Warum sollte eine Frau diese Kräfte nicht auch zu ihrem eigenen Schutz einsetzen? Selbst der stärkste Mann hat Schwachpunkte.

„ Ich habe Angst, ihn zu verletzen. "

Vergiss nicht, dass du es zu deiner Verteidigung tust. Nicht du hast ihn angegriffen, sondern er dich. Er ist dafür verantwortlich, dass du zurückschlägst.

„ Ich habe Angst, selbst verletzt zu werden. "

Wenn du dich wehrst, wird der Angreifer dich beleidigen. Selbst wenn du dich nur umdrehst und deutlich sagst: „Ich will nicht, dass du mich verfolgst", wird er dich vielleicht als „neurotische Zicke" oder „hysterische Schlampe" beschimpfen. Das sollte dich nicht aus dem Konzept bringen. Wenn du dich körperlich wehrst, wirst du Blessuren abbekommen, aber wahrscheinlich entkommen. Blaue Flecke und eine blutige Nase heilen jedoch wieder.

„ Vielleicht tötet er mich, wenn ich mich wehre. "

Statistiken beweisen, dass bei Vergewaltigung und Mord das Opfer erst nach der Vergewaltigung umgebracht wurde. Deshalb muss es das Ziel sein, die Vergewaltigung zu verhindern.

Mach mich nicht an!

Vielleicht überlegst du dir ja, dich zu einem Selbstverteidigungskursus anzumelden. Du kannst dich zunächst umschauen, welcher der richtige für dich ist. Sinnvoller ist sicherlich ein Kursus für Mädchen. Ist die Gruppe gemischt, kommen die Mädchen schnell in die Situation, dass sie die Opfer mimen sollen und die Jungs angreifen dürfen. Außerdem haben Jungs vor anderen Dingen Angst. Sie fürchten sich eher davor, zusammengeschlagen als vergewaltigt zu werden. Karate- und Judoschulen mögen eine gute Gelegenheit sein, um sich körperlich fit zu halten. In der Regel sind sie aber nicht geeignet, um zu lernen, wie man mit gefährlichen Situationen umgeht, seine Aufmerksamkeit schärft und sich zur Wehr setzt.

Mandy, 16: Ich arbeite als Auszubildende in einem winzigen Architekturbüro: nur mein Chef, seine Frau und ich. Immer, wenn sie weg war, wurde er anzüglich. Wenn ich am Tisch zeichnete, setzte er sich auf den Boden, starrte meine Beine an und sagte: „Du solltest öfter einen kurzen Rock anziehen." Auf der Fahrt zur Baustelle fasste er mich am Knie an. Und einmal streifte er wie zufällig meine Brust. Ich hatte bisher immer versucht, das zu ignorieren. Schließlich habe ich einen Selbstverteidigungskurs mitgemacht, bei dem wir in Rollenspielen geübt haben, uns gegen Anmache durchzusetzen. Als er das nächste Mal am Kopierer wieder auf Tuchfühlung kam, hab ich mich umgedreht und laut und deutlich gesagt: „Ich rate dir, mach das nie wieder." Darauf antwortete er zwar mit einem blöden Spruch, aber er ist mir nicht wieder zu nahe gekommen.

In dem Selbstverteidigungstraining sollte es auch um Rollenverhalten gehen. Wenn du mal beobachtest, wie verschieden Männer und Frauen in der Straßenbahn sitzen oder durch die belebte Fußgängerzone laufen, wirst du feststellen, dass Männer sich mehr Platz nehmen: breitbeinig und massig. Frauen neigen eher dazu, sich in eine Ecke zu verkrümeln. Wichtig können auch Rollenspiele sein, in denen du übst, wie du dich gegen Anmache wehrst und die Hemmung überwindest, laut zu schreien, den Blick nicht abzuwenden und dich groß zu machen.

Corri, 17: Es war nachmittags im Sommer. Ich kam gerade vom Sonnen aus dem Park, als ich es im Gebüsch rascheln hörte. Da stand einer – noch ziemlich jung – mit runtergelassener Hose und wichste. Am helllichten Tag im Park, in dem immer ganz viele Kinder spielen, das muss man sich mal vorstellen. Ich war zunächst fassungslos. Dann bin ich auf ihn zugegangen und habe ihn angeschrien, dass er sofort sein Ding einstecken und sich davon machen soll, sonst würde ich die Polizei rufen. Ich war richtig wütend. Ohne ein Wort zu sagen, ist er mit eingezogenem Kopf weggeschlichen.

„Wehre dich und du kommst besser weg"

So heißt das Ergebnis einer Studie, die von einer Kriminalhauptkommissarin 1991 und 1992 in Hannover durchgeführt wurde. Susanne Paul untersuchte Fälle von Vergewaltigung und sexueller Nötigung. Sie kam zu dem Schluss, dass der Täter in der Mehrzahl die Vergewaltigung durchführte, wenn sich Frauen nicht widersetzten. Schon bei leichter Gegenwehr gelang es mehr Frauen zu entkommen. Am erfolgreichsten waren Frauen, die sich massiv zur Wehr setzten, also laut schrien, traten und schlugen. Susanne Paul widerlegte auch das landläufige Vorurteil, dass der Täter erst recht gewalttätig werde, wenn sich eine Frau körperlich verteidigt. Nur in einem von 206 untersuchten Fällen eskalierte die Gewalt. In zwei anderen Fällen, berichtet die Kriminalhauptkommissarin, nahm die Gewalttätigkeit zwar auch zu, als die Frauen sich wehrten. Als sie jedoch in ihrer Gegenwehr zulegten, erreichten auch sie, dass die Männer von ihnen abließen.

163

SEXUELLER MISSBRAUCH

Als sexueller Missbrauch wird sexuelle Gewalt gegen Kinder und Jugendliche unter 14 Jahren bezeichnet.

Du wirst sexuell missbraucht, wenn dich ein Erwachsener oder ein älterer Jugendlicher auf eine Weise berührt oder küsst, die du verabscheust; wenn du an Brust oder Geschlechtsteilen angefasst wirst, du dich für Sexfotos hergeben sollst oder du sogar gezwungen wirst, die Geschlechtsteile von einem Erwachsenen oder älteren Jugendlichen anzufassen oder in den Mund zu nehmen.

Natürlich liegt auch dann ein sexueller Missbrauch vor, wenn dir jemand seinen Finger oder einen Gegenstand in deinen Po oder deine Scheide steckt oder dich vergewaltigt, sprich: mit seinem Geschlechtsteil in deine Scheide oder deinen Po eindringt.

Missbrauch sind alle sexuellen Handlungen, die jemand unter Zwang oder mit Drohungen an dir oder vor dir tut, um seine eigenen Bedürfnisse zu befriedigen. Sexuelle Dinge, die für dich eklig sind, für die du dich schämst und die dich ängstigen. Niemand darf dir Schmerzen zufügen und deine Zuneigung zu ihm ausnutzen. Sexueller Missbrauch ist strafbar.

Wer tut so etwas?

Meistens sind Männer und ältere Jungen die Täter. Manchmal sind es ganz fremde Menschen, doch viel öfter sind die meisten Täter den Mädchen bekannt: Väter, Großväter, Lebensgefährten der Mütter, Onkel, Brüder. Es sind deshalb Täter, weil sexueller Missbrauch ein Verbrechen ist. Die meisten, die das tun, ahnen oder wissen das, sonst würden sie dem Kind nicht einbläuen, ja nichts zu verraten. Sie wissen, dass es strafbar ist, auch wenn sie so tun als wären das „Liebhaben-Spiele". Sie suchen und finden viele Ausreden für sich, um ihr Tun zu rechtfertigen. Sie behaupten beispielsweise, sie würden

einem Kind „Sex" beibringen oder das Kind habe sie verführt oder das sei ganz normal. Nichts davon stimmt. Damit will der Täter seine Schuld nur abwälzen. Auch Frauen sind manchmal an sexuellem Missbrauch beteiligt. Es können Mütter sein, die ihre Kinder an Pornofilmer verkaufen, oder auch wegschauen, wenn ihre Männer die Tochter oder den Sohn belästigen.

Was habe ich denn getan, dass er mir so etwas antut?

Missbrauchte Mädchen haben sich nicht anders verhalten als andere Kinder auch. Opfer kann jedes Mädchen und jeder Junge werden. Zumal Kinder dazu erzogen werden, die Handlungen Erwachsener zu akzeptieren und deren Verbote zu achten. Nicht du bist schuld daran, wenn du vor lauter Angst und Anspannung in der Schule nicht mehr mitkommst, dich niedergeschlagen und traurig fühlst, Selbstmordgedanken hast oder oft Bauchschmerzen. Nicht du bist schuld daran, wenn dein Vater von der Polizei vernommen wird. Er ist ein erwachsener Mann und verantwortlich für das, was er tut. Auch wenn er sagt: „Du hast doch mitgemacht", zählt das nicht. Damit will er nur dir die Schuld zuschieben.

Kein gutes Geheimnis

Wenn du von einer dir vertrauten Person missbraucht wirst, hast du wahrscheinlich ganz unterschiedliche Gefühle. Einerseits liebst du ihn, es ist doch dein Vater/Bruder/Opa, andererseits tut er dir etwas Schreckliches an. Wie soll das zusammenpassen? Sexueller Missbrauch ist nie richtig, sondern eine Verletzung an Körper und Seele. Vermutlich hast du auch Angst, dass es wieder passiert, Angst, was er dir antut, wenn du jemandem davon erzählst, Angst, dass eure Familie auseinander gerissen wird. In vielen Fällen droht der Täter damit, dass die Familie zerstört werde, das Kind ins Heim und er ins Gefängnis müsse, wenn jemand von ihrem „Geheimnis" erführe. Auch wenn er dir droht – es ist ein Geheimnis, das du brechen musst. Versuche mit deiner Mutter über das Geschehene zu sprechen. Wenn sie dir nicht glaubt und dir vorwirft, du würdest fantasieren oder gar ihr Leben ruinieren, such dir eine andere Vertrauensperson. Du wirst jemanden finden, der dir glaubt und hilft. Vielleicht eine Lehrerin, die Sozialarbeiterin im Kinderhaus oder im Hort, die Mutter einer Freundin oder eine Ärztin. In größeren Städten gibt es Beratungsstellen wie zum Beispiel „Wildwasser" oder den Kinderschutzbund. Dorthin kannst du dich wenden. Sie helfen vielen Mädchen, die von Erwachsenen missbraucht worden sind.

Courage

Männer, die Frauen vergewaltigen, Väter, die ihre Töchter sexuell ausbeuten, Kollegen, die ihre Kolleginnen am Arbeitsplatz belästigen, Touristen, die sich kleine Kinder kaufen – sind denn alle Männer gewalttätig? Sicher nicht. Das Monument vom Rambo, der sich nimmt, was er will, ist ins Wanken geraten. Immer mehr Männer merken, dass sie kein naturgegebenes Recht auf Frauen haben. Und Mädchen und Frauen wehren sich dagegen, dass ihr Körper als Selbstbedienungsladen missbraucht wird. Doch so laut auch der Schrei der Öffentlichkeit über „Kinderschänder" tönt, so leise ist die Empörung über die Gewalt, die täglich stattfindet.

Sicherlich können sich Mädchen und Frauen nicht gegen jeden dummen Spruch, gegen jeden dummen Witz, gegen jedes entwürdigende Foto zur Wehr setzen. Aber sie können sich dagegen wehren, dass ihr Misstrauen als Hysterie und ihre Wut als Überempfindlichkeit abgetan werden. Und sie können sich auch gegenseitig stärker unterstützen. Es gehört Mut dazu, einzugreifen, wenn man selbst nicht betroffen ist. Wenn du siehst, dass eine Mitschülerin bedrängt wird, stell dich an ihre Seite. Oftmals genügt es, den Belästigern deutlich zu machen, dass ihr Verhalten nicht geduldet wird. Vielleicht macht dein erster Schritt auch deinen Mitschülerinnen Mut. Wenn in der Straßenbahn ein Schwarzer wegen seiner Hautfarbe angepöbelt wird, dann kommt in dir Wut über diese Ungerechtigkeit hoch, und du mischst dich ein. Ausländerhass und Rassismus willst du nicht dulden. Dieselben Maßstäbe gelten auch für Gewalt gegen Mädchen und Frauen.

Geduld hilft nicht. Schweigen hilft den Tätern. Ignorieren schadet den Opfern.

WEHR DICH!

DEINE ZUKUNFT

Zukunft! Wie klingt das für dich? Endlich 18 sein und von zu Hause ausziehen. Endlich die Schule hinter sich lassen. Endlich Geld verdienen. Jetzt mach noch einen Zeitsprung von fünf Jahren. Du siehst dich mit deiner neuesten Liebe im Urlaub. Noch mal zehn Jahre: Dein Kind ist gerade eingeschult worden. Hey, für welchen Beruf hast du dich denn entschieden? Keine Ahnung? Macht nichts. Die wenigsten haben jetzt schon ein festes Bild im Kopf. Der richtige Beruf fällt einem nicht gerade mal so ein, und einmal eingeschlagene Wege verlaufen selten schnurstracks geradeaus.

Weißt du noch, was du werden wolltest, als du klein warst? Vielleicht Polizist wie dein Vater. Oder Tierärztin, und du hast jede verletzte Kreatur heimgeschleppt. Oder Schornsteinfegerin, weil du hoch oben auf dem Dach balancieren wolltest. Kinderträume – mag sein. Aber es waren auch Vorbilder, denen du nacheifern wolltest. Vielleicht hast du jetzt, wenn's darauf ankommt, gar keine konkreten Ideen mehr, und alles wirbelt durcheinander: Ein sicherer Job, der Spaß macht. Eine Arbeit mit Zukunft. Ein Beruf, für den der Schulabschluss ausreicht. Vielleicht noch ein Job, der sich gut mit Kindern vereinbaren lässt. Kein Berg, der sich nicht besteigen ließe. Nur gut ausgerüstet musst du sein.

Im Jahr 2050

Yanice trat kräftig in die Pedale. Wer nicht in der solarbetriebenen Luftkissenbahn fuhr, schnappte sich irgendein Rad und ließ es danach stehen. Alle machten es so. Seitdem hatte auch der Radklau aufgehört. Yanice stürmte die Stufen zu Marla hoch. Marla saß vor dem Computer und zog die Stirn in Falten.

„Hi, Yanice. Manchmal könnte ich ausflippen. Was haben die sich nur gedacht? Die haben ihren Dreck einfach in der Erde verbuddelt."

Der Atommüll war ein großes Problem. Ganze Regionen wurden zu Nicht-Zonen erklärt. Wer dort landete, war ein Todeskandidat. Marla arbeitete in der Abteilung zur Beseitigung der Fehler des 20. Jahrhunderts. Yanice vergrub sich lieber im Dokumentationszentrum für historische Filme. Gerade hatte sie einen von 1998 entdeckt, exakt 52 Jahre alt.

„Wußtest du, dass Jugendliche damals mit Erwachsenen zusammenwohnen mussten? Die schrieben ihnen alles vor, wirklich alles. Wenn man sich nicht daran hielt, wurde man bestraft – mit Hausarrest und Taschengeldentzug. Das war wohl tragisch, weil sie sich dann keine Klamotten kaufen konnten. Ja, echt, die konnte man damals noch nicht ausleihen", sagte Yanice ungeduldig. Die beiden kannten es nicht anders, als sich die tollsten Fummel auszusuchen. Nach Gebrauch bekam sie der Nächste.

„Aber es kommt noch besser: Kaum von den Eltern entlassen, tauschten Mann und Frau Ringe aus, dann bekam sie Kinder und blieb zu Hause. Nur der Mann durfte arbeiten."

Marla schüttelte den Kopf. „Waren die Männer denn damals klüger als die Frauen, oder waren sie so gemein zu den Kindern?"

„Keine Ahnung. Auf jeden Fall waren Männer technisch wohl unbegabt. Alle Maschinen zum Waschen, Spülen und Staubsaugen wurden von Frauen bedient."

Marla zog Yanice am Ärmel hoch. „Das sind ja Horrorstorys. Komm, wir haben noch einiges im Jugendrat abzustimmen."

TRAUMZIELE UND WUNSCHBERUFE

Es ist natürlich schwieriger, den richtigen Beruf für sich zu finden als die ideale Sportart. Hast du Eishockey ein paar Mal ausprobiert, findest das Gebolze aber zu rau, wechselt du einfach zum Tischtennis. Einen Beruf zu wählen, ist schon komplizierter.

Träume müssen nicht viel mit einem konkreten Beruf zu tun haben: Immer unterwegs sein oder viel Geld machen, einmal berühmt sein und auf einer Titelseite lächeln oder etwas Einzigartiges entwerfen. Hm. Eine Flugbegleiterin ist zwar viel unterwegs – aber vor allem in Hotels und auf fremden Flughäfen. (Übrigens ist Stewardess auch kein anerkannter Ausbildungsberuf.)

Du musst zugeben: Models, Erfinder und Millionäre sind nun mal recht seltene Exemplare. Deswegen müssen Träume aber nicht wie Seifenblasen zerplatzen. Eine Prise Realität und ein paar Überlegungen nach Plan bringen dich viel eher voran.

Detektivin in eigener Sache

Ob ein Beruf zu dir passt, ist abhängig von deinen Fähigkeiten und Interessen: Was kann ich gut? Was mache ich gern? Worin liegen meine Stärken? Leicht gesagt. Denn den eigenen Fähigkeiten auf die Schliche zu kommen, fällt oft schwer. Schulnoten sind in dem Fall nicht immer aussagekräftig. Deine Fünf in Mathe sagt noch nichts darüber aus, ob du gut organisieren kannst oder ein räumliches Vorstellungsvermögen besitzt.

Ein Experiment: Dein Lebensbaum

Versuch's mal anders: Male deinen Lebensbaum. Wie? Stell dir vor, du bist ein Baum. Sein Stamm ist deine Persönlichkeit. Die Wurzeln entsprechen deinen Fähigkeiten, also all deinen Stärken, auf denen du aufbauen kannst. An die Äste schreibst du deine Interessen, und die Blätter stehen dafür, wie deine Arbeit oder dein Beruf einmal aussehen sollen. Vielleicht siehst du dich als Apfelbaum, weil du möchtest, dass deine Arbeit Früchte trägt. Kräftige Wurzeln, auf denen Worte wie „Durchsetzungsvermögen" und „für andere planen" zu lesen sind, tragen einen mächtigen Stamm. Das sind deine Stärken: Wenn du etwas in die Hand nimmst, klappt es meistens. Und andere überzeugen, das kannst du auch gut. Dein Baum hat nicht nur mit deinem späteren Beruf zu tun, sondern viel mit persönlichen Hoffnungen, Plänen und Zielen. Aus dem Stamm wachsen deine Interessen. Auf den kräftigen Ästen steht „Freunde", „Fotografieren" und „Medien". Dieser Lebensbaum will sich ungern von seinem Freundeskreis trennen, ein Umzug käme also nur als Notlösung in Betracht. Auf dünnen Zweigen ist „Tai Chi" und „Schule" zu lesen, während die grünen Blätter mit markigen Schlagworten versehen sind: „nicht unter Zeitdruck arbeiten", „Abwechslung", „irgendwann meine eigene Chefin sein". Das wäre dir in deinem Beruf wichtig.

Oder du siehst dich als Tanne mitten unter anderen Nadelbäumen, weil es dich verrückt machen würde, allein dazustehen. Vielleicht hast du eine Palme am Strand gezeichnet, da du gern reisen möchtest. Mag sein, dass manches nicht zusammenpasst. Fotografin werden, aber nicht den Wohnort wechseln zu wollen zum Beispiel. Oder ein Traumberuf, in dem Arbeitsplätze rar sind. Das kannst du in der Berufsberatung ansprechen.

Was ich gut kann

Du bist vielleicht jemand, der in eurer Familie alles organisiert, einen Termin mit dem Handwerker vereinbart oder eine falsche Rechnung moniert. Sind deine starken Nerven dein Trumpf? Im Wettkampf bist du absolut konzentriert, Versagensängste kennst du nicht. Oder bist du bei deinen Freunden beliebt, weil du bei Streit prima schlichten kannst?

Oder eine Tüftlerin? Der kaputte Radiowecker und die defekte Lampe landen immer auf deinem Schreibtisch? Prima, denkst du. Aber was hat das alles mit Berufen zu tun?
Für Berufe ist ein Zusammenspiel verschiedener Fähigkeiten und Interessen wichtig. Solche Formeln wie „wer gern im Freien arbeitet, ist als Gärtnerin geeignet" oder „wer gern liest, soll Buchhändlerin werden" sind nämlich zu simpel. Als Buchhändlerin muss man mehr mitbrin-

gen als einen Hang zum Schmökern. Buchhändlerinnen sollten sich gut ausdrücken können, kontaktfreudig sein, höflich und geduldig. Denn ein Schwerpunkt des Berufs liegt auf der Beratung.

Das interessiert mich

Jetzt bist du schon nah an deinen Interessen. Du hilfst gern anderen Menschen, du arbeitest gern kreativ oder treibst leidenschaftlich Sport. Überleg mal, welche Schulfächer dir Spaß machen, wofür du nach der Schule gern mehr Zeit hättest und womit du dich am liebsten beschäftigst. Auch alle Dinge, die du absolut nicht leiden kannst, sind bei der Checkliste hilfreich.

Eine Möglichkeit, sich selbst auf die Sprünge zu helfen, ist, andere Leute zu fragen. Lehrer, Freunde, Eltern und Bekannte betrachten dich vermutlich aus

einem anderen Blickwinkel. In kaum
einem Beruf wirst du alle deine Fähigkeiten und Interessen unterbringen können. Macht nichts. Dafür gibt es Hobbys.
Wichtig ist jedoch, dass du deine stärks-
ten Seiten und deine unentbehrlichsten
Interessen verwirklichen kannst.

Gründliche Spurensuche

Vielleicht warst du schon bei der Berufsberatung im Arbeitsamt, oder der Berufsberater hat euch in der Schule besucht.
Die Berufsberater sind wichtige
Ansprechpartner bei der Berufswahl. Sie
nehmen dir die Entscheidung nicht ab,
aber sie können dich unterstützen. Die
Berufsberater wissen, welche Anforde-
rungen heutzutage an Berufe gestellt
werden. Um zu deinen Fähigkeiten und
Interessen die passenden Berufe herauszufinden, brauchen sie möglichst genaue
Informationen über dich. Eine lapidare
Auskunft wie „ich arbeite gern mit Menschen zusammen", wird nicht viel nützen. Eine Krankenschwester hat zum Beispiel unentwegt mit Menschen zu tun, ob
mit ihren Kolleginnen, mit Ärzten oder
Kranken. Das erfordert andere Fähigkeiten als im Beruf der Rechtsanwalts- und
Notarfachangestellten, die ja auch mit
Menschen zu tun hat. Sie muss zwar kon-

taktfähig sein, wenn sie Mandanten im
Büro empfängt. Viel mehr kommt es aber
darauf an, sicher in der Rechtschreibung
zu sein, penibel und zuverlässig zu arbeiten.
Auch „mit Computern arbeiten" ist eine
wenig präzise Angabe. Das macht die
Kauffrau im Einzelhandel in einem Fach-
geschäft für Computer und Elektronikzu-
behör genauso wie die Arzthelferin, die
am Computer die Patientenkartei verwal-
tet, und die Industriemechanikerin an
computergesteuerten Maschinen.
Je detaillierter du deine Interessen
beschreibst, desto eher lassen sich passende Berufe einkreisen. Das kommt dir
auch später bei deiner Bewerbung
zugute. Schreibst du, dass du in eurem
Jugendtreff mit Freunden ein Austausch-
camp für 50 Jugendliche organisiert hast,
sagt das mehr über dich aus als Floskeln
wie „ich kann selbstständig und auch gut
mit anderen zusammenarbeiten".

173

Mit Köpfchen geplant

Du bist schon einen großen Schritt weitergekommen, wenn du dir über deine Fähigkeiten und Interessen im Klaren bist. Jetzt kannst du verschiedene Berufe unter die Lupe nehmen. Weil das bei mehr als 400 Ausbildungsberufen eine ganz schön langwierige Aufgabe wäre, gibt's auch hier Anhaltspunkte.

Wo will ich arbeiten? Also der Arbeitsort: in einem schicken Büro, unter freiem Himmel oder in einer modernen Werkstatt. Was will ich tun? Also die Tätigkeiten: pflegen, reparieren, untersuchen, ernten, installieren, verkaufen, bedienen. Womit hätte ich gern zu tun? Also die Arbeitsmittel: Maschinen, Pinzetten, Zangen, Hobel, Schere und die Arbeitsgegenstände wie Holz, Metall oder Stoff oder auch Tiere oder Menschen.

Du brauchst Informationen, ganz klar. Bevor du in einen Zug einsteigst, überlegst du dir, wohin du fahren möchtest. Du besorgst dir eine Fahrkarte, erkundigst dich nach dem richtigen Gleis und wo du umsteigen musst. Ähnlich ist es bei der Berufswahl. Du sammelst nicht wahllos Broschüren und sprichst mit dem Hausmeister eurer Schule, ob eine Krankengymnastin die mittlere Reife braucht. Du überlegst dir stattdessen genau, wen du was fragen kannst. Deine Eltern helfen dir sicher bei der Frage nach deinen Fähigkeiten. Die Freundin deiner Mutter, die Dolmetscherin ist, kann dir aber mehr über einen Beruf mit Fremdsprachen erzählen.

Meine beruflichen Vorstellungen sind einfach formuliert: Geld und Macht! Es dürfte ja wohl kein Problem sein, mir unter diesen Vorzeichen eine Lehrstelle zu besorgen. ...bis morgen, aber das versteht sich ja wohl von selbst!

BERUFSBERATUNG

Infoquellen anzapfen

Neben Firmenbroschüren und Berufsreportagen in Zeitungen und Zeitschriften gibt es noch viel mehr Informationsquellen, beispielsweise die Industrie- und Handelskammer und die Handwerkskammer. Wenn du in Deutschland wohnst, ist eine gute Adresse das Berufsinformationszentrum (BIZ). Dort erhältst du „Beruf aktuell" mit Kurzbeschreibungen der Berufe und die „Blätter zur Berufskunde" für jeden einzelnen Beruf. Du kannst dir Filme anschauen, in Informationsmappen blättern oder dir auf Dias einen Überblick über Berufsfelder verschaffen. Im BIZ-Computer findest du Berufe, die zu deinen Interessen passen, und du kannst dich über typische Tätigkeiten informieren. In der Berufsberatung wirst du persönlich beraten.

Hinschauen, hinhören, selber machen

Einen realistischen Blick für Berufe erhältst du dann, wenn du sie dir in der Praxis anschaust. Manche Betriebe bieten einen „Tag der offenen Tür" an, und du kannst hinter die Kulissen sehen. Eine gute Möglichkeit ist auch das Betriebspraktikum. Verschenke die Erfahrung nicht, indem du dich einfach in die Firma deines Vaters setzt und versuchst, die Zeit möglichst unbehelligt hinter dich zu bringen. Selbst wenn du nach dem Praktikum sagst „oh je, das habe ich mir ganz anders vorgestellt", weißt du zumindest, was nicht in Frage kommt.

Viele Berufe erlebst du als Kundin. Wenn du dir eine neue Jeans kaufst, kannst du einmal darauf achten, wie dich die Verkäuferin bedient. Wartest du im Restaurant auf Essen, nutze die Zeit, die Kellnerin zu beobachten. Wenn du dir die Haare schneiden lässt, achte darauf, ob sich die Friseurin gleich nach dem Waschen erleichtert auf den Stuhl setzt. Gebrauche alle deine Sinne. Nicht nur schauen, auch hören, riechen und fühlen. Ist es in der Autowerkstatt laut? In der Bäckerei heiß? Muss die Gärtnerin schwer tragen? Hat die Krankenschwester noch Zeit für ein persönliches Wort zur Patientin? Sieht jemand abgehetzt aus? Das ist kein Grund, einen Beruf gleich fallen zu lassen. Du musst es nur wissen, damit du hinterher nicht überrascht bist.

Berufsausbildung auf der Schulbank

Ob du studieren willst, ist natürlich auch abhängig von deinem Schulabschluss. Das gilt ebenso für Berufsausbildungen. Als pharmazeutisch-technische Assistentin brauchst du beispielsweise den Realschulabschluss. Einige Berufe kannst du nur an Berufsfachschulen lernen wie Erzieherin, Krankengymnastin oder Hebamme. Das heißt jedoch nicht, dass du nun monatelang mit der Nase im Buch steckst und pauken musst. Zur Ausbildung gehören auch Praktika außerhalb der Schule. Nicht selten kosten die Ausbildungen Schulgeld. Außerdem ist häufig ein Mindestalter vorgeschrieben. Um zum Beispiel die Schule für Rettungsassistenten zu besuchen, musst du 18 Jahre alt sein.

Berufsausbildung im Betrieb und in der Berufsschule

Bei den betrieblichen Berufsausbildungen – das ist die Mehrzahl – liegt der Schwerpunkt auf dem Lernen in der Praxis. Das theoretische Wissen bekommst du in der Berufsschule. In einer betrieblichen Berufsausbildung erhältst du eine Ausbildungsvergütung, die je nach Lehrjahr gestaffelt ist. Der Verdienst kann von Beruf zu Beruf jedoch erheblich abweichen. Bekommt die Floristin gerade mal knapp 600 Mark im ersten Ausbildungsjahr, hat die Druckerin schon über 1 200 Mark auf dem Konto.

Oder doch schnell Geld verdienen?

Das ist verlockend. Statt sich drei Jahre als Auszubildende mit wenig Geld zu begnügen, reizt die Aussicht auf schnellen Verdienst. Du überlegst, irgendwo als Hilfskraft einzusteigen. Die Sache hat allerdings einen Haken: Werden Arbeitsplätze vernichtet, trifft es zuallererst die angelernten Kräfte. Dann stehst du ohne Arbeit da. Entscheidest du dich jetzt noch für eine Ausbildung, konkurrierst du mit jüngeren Schulabgängern. Darüber hinaus hast du zwar in den ersten drei Jahren mehr Geld in der Tasche als der Azubi. Danach steigt jedoch sein Gehalt, und deins bleibt gleich.

Die Ehe ist keine Lebensversicherung

Ein qualifizierter Beruf ist zumindest eine Grundlage für finanzielle Unabhängigkeit. Du könntest dir vermutlich nur schwer vorstellen, deinen Mann um Geld zu bitten, damit du ihm etwas zum Geburtstag kaufen kannst. Auch ein gemeinsames Konto (in das nur er einzahlt) täuscht nicht darüber hinweg, dass du von ihm abhängig bist. Zumal die Ehe keine Lebensversicherung ist. Geht eure Partnerschaft auseinander, hast du es schwerer, auf die Füße zu kommen, wenn du keine Berufserfahrung und womöglich auch gar keine Ausbildung hast. Eine gute Berufsausbildung garantiert dir auch eher, dass du dich zufrieden, gefordert und wichtig fühlst. Und das stärkt wiederum das Selbstbewusstsein und dein Gefühl: Ich bin etwas wert!

Dringend: Lehrstelle gesucht

Hört sich alles ganz nett an, denkst du. „Aber was nützen mir die tollsten Berufe, Wünsche und Pläne, wenn ich keinen Ausbildungsplatz bekomme? Am Ende muss ich doch nehmen, was gerade frei ist." Du hast Recht. Eine Ausbildungsstelle zu finden – möglichst noch im Wunschberuf –, ist derzeit verflixt schwer. Aber soll man deshalb sofort das Handtuch werfen und sich gar nicht bewerben? Andersherum macht es mehr Sinn: Gerade weil es bei Ausbildungsstellen sehr eng ist, kann es wichtig werden, alle Berufe zu überdenken, die für dich in Frage kommen. Darüber hinaus zählen gute Schulabschlüsse. Denn wenn der Personalchef einen Stapel Bewerbungen auf den Tisch bekommt, hat er selten Zeit, sich vom Einzelnen ein persönliches Bild zu machen. Er wählt meistens nach Noten und Abschlüssen aus.

KARRIERE im Abseits

Hunderte verschiedener Berufe stehen Mädchen offen – von A wie Abfalltechnikerin bis Z wie Zytologieassistentin. Theoretisch. Doch über die Hälfte aller weiblichen Auszubildenden begnügt sich gerade mal mit zehn. Sie wollen immer noch am liebsten Bürokauffrau, Arzthelferin oder Einzelhandelskauffrau werden. Wollen Mädchen nicht ran an besser bezahlte Männerjobs?

Topten der Ausbildungsberufe bei Mädchen

1. Arzthelferin
2. Bürokauffrau
3. Kauffrau im Einzelhandel
4. Friseurin
5. Industriekauffrau
6. Zahnarzthelferin
7. Bankkauffrau
8. Kauffrau im Groß- und Außenhandel
9. Fachgehilfin in steuer- und wirtschaftsberatenden Berufen
10. Fachverkäuferin im Nahrungsmittelhandwerk

Von Expertinnen werden diese Berufe oft als Sackgassenberufe bezeichnet: die Karriere im Abseits, finanziell gesehen ein Eigentor. Denn typisch für diese Berufe ist zweierlei: Sie sind bis auf Ausnahmen miserabel bezahlt und bieten kaum Aufstiegsmöglichkeiten. Eine Friseurin verdient im ersten Ausbildungsjahr knapp 500 Mark, die Arzthelferin bekommt etwas mehr als 800 Mark. Ohne Finanzspritze von den Eltern kann sich keine der Auszubildenden eine eigene Bude suchen. Selbst nach der Ausbildung ist das Gehalt so gering, dass es – zumindest in Ballungsgebieten mit hohen Mieten – schwer ist, über die Runden zu kommen. Allein mit Kind? Nahezu aussichtslos. Das soll aber nicht heißen, dass es Mädchen auf mies bezahlte Jobs anlegen. In diesen wenigen Berufen wird einfach die Masse der Ausbildungsplätze angeboten.

Kein Sinn für Technik?

„Männerberufe", „Frauenberufe", gibt's so etwas heute noch? Im Allgemeinen versteht man unter Männerberufen solche, die körperlich anstrengend sind, wie zum Beispiel auf dem Bau. Oder Jobs, in denen man viel von Technik verstehen muss. Frauen, so heißt es, sind körperlich unterlegen und wollen am liebsten mit

Technik nichts zu tun haben. Dafür liege es ihnen eher, sich um andere zu kümmern, zu bedienen, zu pflegen und zu verwalten. Männerjobs haben auch immer ein größeres Ansehen und sind deshalb besser bezahlt. Dabei wird eins gern übersehen: Krankenschwestern und Altenpflegerinnen hieven tagtäglich Patienten aus dem Bett, sie leisten Schwerstarbeit. Außerdem gibt's heutzutage genügend technische Hilfsmittel, derer sich Frauen problemlos bedienen, ohne jedes Mal erst einen männlichen Kollegen zu fragen. Kauffrauen für Bürokommunikation und Arzthelferinnen könnten ohne Kenntnisse in der elektronischen Datenverarbeitung diese Berufe gar nicht ausüben.

Mädchen an den Herd?

Ist die Arbeitsmarktlage so schlecht wie zurzeit – mehr als vier Millionen Menschen sind in Deutschland ohne Arbeit –, dann hat zumindest ein Spruch wieder Hochkonjunktur: „Ihr nehmt den Männern die Arbeit weg." Womit nichts anderes gesagt wird, als dass wohl ausschließlich Männer ein Recht auf Arbeit, Selbstverwirklichung, Anerkennung und eigenes Geld haben. Wenn's auf dem

Arbeitsmarkt eng wird, wächst auch der Konkurrenzkampf. Männer weichen dann schon mal auf Frauenberufe aus. Der Friseur ist nicht exotisch, die Verfahrenstechnikerin dagegen schon.

Allerdings hat sich inzwischen einiges gewandelt: Der Beruf des Schriftsetzers war früher nur Männern vorbehalten. Da hätte es kein Mädchen gewagt, dort wegen eines Ausbildungsplatzes anzu-

> Was soll ich am Herd? Da steht mein Freund doch schon!

klopfen. Inzwischen sind schon über die Hälfte der Azubis junge Frauen. Also alles in bester Ordnung? Nicht ganz. Männer verteidigen Berufe als ihr eigenes Terrain, solange die Perspektiven gut sind. Werden die Chancen zum Beispiel durch neue Technologien schlechter, verlassen sie – wenn möglich – das sinkende Schiff. Dann erst stehen auch Frauen die Türen zu diesen Berufen offen.

Raus aus der Sackgasse

Da gibt's nur eins: Rein in die Männerdomänen. Zumal Forschungsergebnisse gezeigt haben, dass Mädchen in „Männerberufen" sich stärker mit ihrem Beruf identifizieren und mehr Lust haben, sich weiterzubilden als Mädchen in anderen Berufen. Ganz wichtig: Ob Tischlerin, Feinmechanikerin oder Informationselektronikerin – die Mädchen, die ihre Ausbildung geschafft haben, bereuen ihre Entscheidung nicht. Trotzdem gibt es auch Probleme: Wenn's in der Männerbranche kriselt, werden zuallererst die Mädchen herausgekickt. Machst du dir also Gedanken über deinen späteren Beruf, lass dich nicht beirren, mal in andere Berufsfelder hineinzuschnuppern. Dir steht damit eine viel größere Palette an Möglichkeiten offen. Die meisten Leute raten dir nur deshalb von „Männerberufen" ab, weil sie wenig darüber wissen. Als Kraftfahrzeugmechanikerin macht man sich schmutzig – stimmt, und nach Feierabend kann man sich waschen. Als Malerin und Lackiererin muss man schwere Farbeimer tragen – stimmt. Ist jeder Mann ein Gewichtheber?

Christine (25) ist Druckerin:
‚Lass das, da hast du eh keine Chance', war die erste Reaktion meiner Mutter. Aber die Praktika in Druckereien haben mir so gut gefallen, dass ich mir eine Stelle gesucht habe. Am Anfang gab's von Kollegen schon mal blöde Witze unter der Gürtellinie. Da musste ich mir eben mich nicht einfallen lassen. So lass ich mich nicht kleinkriegen. Besser musste ich aber auf jeden Fall sein. Ein Fehler von mir wog schwerer. Da hieß es „Die Kleine" hat wieder Mist gebaut'. Aber heute ist das Arbeitsklima angenehm. Meine Chance, in einer großen Zeitungsdruckerei unterzukommen, ist allerdings mies. Da heißt es oft: Die Papierrollen seien für Frauen zu schwer. Dabei ist der Rollentransport inzwischen weitgehend automatisiert.

Anke (21) ist Chemikantin:
Wir überwachen die chemische Reaktion in den Anlagen. Oft ist es hier total warm, sterilisiert wird bei 120 Grad. Da kommt man natürlich verschwitzt raus. Aber ich bin nicht der Typ, der sich an einem Fleck in den Klamotten stört. Ich will was mit meinen Händen schaffen, und die Chemie hat mich schon immer fasziniert. Unterstützt hat mich damals meine Chemielehrerin. Obwohl meine Eltern wollten, dass ich eine Banklehre mache – von wegen sicherer Job. Aber Chemikantin ist genau das Richtige für mich.

Jana (29) ist Dachdeckermeisterin:
Ehrlich gesagt, komme ich mit Männern besser klar. Wenn ich einen Fehler mache, sagen mir das Männer direkt, sie sind in der Hinsicht unkomplizierter. Frauen sind oft nachtragender, das läuft eher hintenrum. Ich kann's vergleichen, weil mein erster Beruf Gärtnerin war und ich mit lauter Kolleginnen gearbeitet habe. Klar, der Umgangston auf dem Bau ist rau. Manchmal versuchten mich Kollegen auch mit Sprüchen wie ‚Ihr gehört in die Küche' zu testen. Da gab's eine gepfefferte Antwort. Ich hab mich ganz gut durchgebissen und wollte auch keine Sonderstellung als Frau. Also schleppe ich auch die schweren Ziegelpakete.

Und so was gibt's immer noch ...

„Ich hätte ja gern junge Frauen bei uns im Betrieb. Aber sorry – die haben nicht genug Kraft."
„Das können wir Mädchen nicht zumuten. Der Umgangston bei uns, der ist viel zu rau."
„Die werden ja doch irgendwann schwanger. 'Ne Frau kann ich mir als Unternehmer nicht leisten."

Etwas früher an etwas später denken

Heute einen Beruf lernen, den man bis zur Rente ausübt – das wird immer seltener. Es klingt auch nicht allzu spannend, 50 Jahre tagaus, tagein dasselbe zu machen.

Die Arbeitswelt ändert sich rasend schnell. Neue Techniken verdrängen alte Maschinen, aber auch Arbeitsplätze. Arbeitszeiten richten sich immer mehr nach der Auslastung der Maschinen und immer weniger nach den Bedürfnissen von Menschen. Montags bis freitags von 8 bis 16 Uhr, Samstag und Sonntag frei – das ist heute schon nicht mehr die Norm. Nationale Grenzen werden unwichtiger: Zunächst wird Europa, später die ganze Welt so etwas wie ein einziger Marktplatz sein. Zu Hause am Computer arbeiten, Daten auf virtuellen Autobahnen quer durch die Welt schieben, schuften, wenn's Aufträge hagelt, und Däumchen drehen, wenn das Lager proppenvoll ist – wie soll sich ein Berufsanfänger heute auf eine solche Zukunft einstellen?

Vorsicht bei Trends

Experten empfehlen, sich weniger auf vermeintliche Trends und Modeerscheinungen zu stürzen. Das geht oft schief. Als die Computerbranche boomte, waren die Hörsäle der Unis bald mit angehenden Informatikern überfüllt. Heute kommen gar nicht mehr alle unter. Besser ist es, dass du dir darüber klar wirst, was dich interessiert und was du gut kannst. Dann bringst du auch genügend Lust für deinen Beruf mit. Und „einmal gelernt, gleich ausgelernt" stimmt auch nicht mehr. Künftig wird es noch wichtiger sein, auch nach der Ausbildung weiterzulernen und sich zu spezialisieren. Neben fachlichem Wissen sind zunehmend auch so genannte Schlüsselqualifikationen gefragt. Nicht der Eigenbrötler macht das Rennen, sondern jemand, der gemeinsam mit anderen plant, Aufgaben verteilt, die Arbeit organisiert und dafür geradesteht.

ALLES UNTER EINEN HUT

Sehr geehrter Herr Meyer,
wir bedauern, Ihnen eine Absage erteilen zu müssen, obwohl uns Ihre berufliche Erfahrung und Kenntnisse sehr überzeugt haben. Wir sind jedoch der Meinung, dass Sie mit zwei schulpflichtigen Kindern nicht in der Lage sind, diese Schlüsselstellung in unserem Betrieb zu erfüllen.

Hochachtungsvoll
Müller & Co.

Das ist Quatsch, logo. Kein Personalchef lehnt einen Familienvater ab. Er geht selbstverständlich davon aus, dass sich eine Frau um den Nachwuchs kümmert. Männer wollen beides: Erfolg im Beruf und Familie. Das klappt auch meist. Aber nicht, weil sie über außergewöhnliche Talente verfügen, sondern weil ihre Frauen ihnen den Rücken für die Karriere freihalten. Mit einem „Entweder Beruf – oder Familie" wollen sich Frauen nicht mehr begnügen. Familienarbeit wird aufgeteilt. Sprich: Die Hausarbeit erledigen Vater und Mutter gemeinsam. Hin und wieder reduzieren auch Männer ihre Arbeitszeit oder übernehmen – wenn auch nur zwei von 100 – einen Teil des dreijährigen Erziehungsurlaubs.

Ein Beruf ist wichtig – besonders, wenn Kinder da sind. Lass dir nicht einreden, du seist eine schlechte Mutter, weil du berufstätig bist. Experten sagen, es komme nicht auf das Maß der Zeit an, die jemand für sein Kind aufwendet, sondern auf die eigene Zufriedenheit. Eine Mutter, die sich insgeheim schwer tut, auf Kollegen, Selbstständigkeit und Bestätigung im Job zu verzichten, wird unzufrieden. Und das soll dann gut fürs Kind sein? Übrigens: Kaum einer redet von „Rabenvätern", wenn sich frühmorgens tausende Männer von ihren Kindern verabschieden, um zur Arbeit zu gehen. Untersuchungen brachten das Ergebnis, dass sich berufs-

tätige Mütter in der verbleibenden Zeit intensiver und länger mit ihrem Nachwuchs beschäftigen als eine Hausfrau, bei der das Kind „nebenherläuft". Die Kinder, die noch von anderen Menschen betreut werden, sind weniger ängstlich, eher bereit, Verantwortung zu übernehmen, und werden oft früher selbstständig. Jungen wie Mädchen entwickeln ein positives Bild von ihrem Vorbild Mama: Sie ist selbstständig, hat berufliche Erfolge und Niederlagen und verdient ihr eigenes Geld. Und eines ist sicher: Kinder brauchen Spielkameraden. Da kann eine Mutter noch so toll sein, den Triumph, Yannick die Lok entrissen zu haben, kann sie ihrem Kind nicht bieten.

183

Adressen

Die hier genannten Organisationen geben Auskunft zu Adressen von Beratungsstellen in den verschiedenen Ländern und Städten.

Deutschland

Beratung und Hilfe

Bundesarbeitsgemeinschaft Kinder- und Jugendtelefon e.V.
Buchenstr. 6
42283 Wuppertal
Tel. (0800) 1 11 03 33 (kostenfrei)

Bundeszentrale für gesundheitliche Aufklärung
Ostmerheimer Str. 220
51109 Köln
Tel. (0221) 8 99 20
e-mail: schroll@bzga.de
http://www.bzga.de

Beratungsstellen der PRO FAMILIA Beratung zu Schwangerschaft, Empfängnisverhütung und Sexualität

Bundesverband
Stresemannallee 3
60596 Frankfurt am Main
Tel. (069) 63 90 02
http://www.profa.de

Landesverband Baden-Württemberg
Haußmannstr. 6
70188 Stuttgart
Tel. (0711) 21 55-1 08/-1 09
e-mail: profabw@t-online.de

Landesverband Bayern
Türkenstr. 103/I
80799 München
Tel. (089) 39 90-79/-70

Landesverband Berlin
Ansbacher Str. 11   Gotzkowskystr. 8
10787 Berlin   10555 Berlin
Tel. (030) 2 13 90 13 Tel. (030) 3 92 60 19

Landesverband Brandenburg
Gartenstr. 42
14482 Potsdam
Tel. (0331) 7 40 83 97

Landesverband Bremen
Hollerallee 24
28209 Bremen
Tel. (0421) 44 46 24

Landesverband Hamburg
Kohlhöfen 21
20355 Hamburg
Tel. (040) 34 33 44

Landesverband Hessen
Schichaustr. 3-5
60314 Frankfurt
Tel. (069) 44 70 61
e-mail: profamiliaffm@compuserve.com

Landesverband Mecklenburg-Vorpommern
Graf-Schack-Str. 14
18055 Rostock
Tel. (0381) 3 13 05 oder (0381) 4 90 40 95

Landesverband Niedersachsen
Steintorstr. 6
30159 Hannover
Tel. (0511) 36 36 08

Landesverband Nordrhein-Westfalen
Hofaue 63/Postfach 130901
42103 Wuppertal
Tel. (0202) 2 45 65 10

Landesverband Rheinland-Pfalz
Schießgartenstr. 7
55116 Mainz
Tel. (06131) 23 63 50

Landesverband Saarland
Mainzer Str. 106
66121 Saarbrücken
Tel. (0681) 6 45 66
e-mail: profa.sb@t-online.de

Landesverband Sachsen
Wurzner Str. 95
04315 Leipzig
Tel. (0341) 2 32 43 19

Landesverband Sachsen-Anhalt
Am Krähenberg 4
06118 Halle
Tel. (0345) 5 22 06 36

Landesverband Schleswig-Holstein
Marienstr. 29-31
24937 Flensburg
Tel. (0461) 18 04 07
e-mail: profa-sh@t-online.de

Landesverband Thüringen
Bahnhofstr. 27/28
99084 Erfurt
Tel. (0361) 6 43 85 14

Aids

Bundeszentrale für gesundheitliche Aufklärung
Ostmerheimer Str. 220
51109 Köln
Beratungstelefon Aids- und Suchtprävention: (0221) 89 20 31

Deutsche AIDS-Hilfe e.V.
Dieffenbachstr. 33
10967 Berlin

Bundesweites AIDS-Beratungstelefon:
Vorwahl der nächsten Stadt und 1 94 11
e-mail: dah@aidshilfe.de
http://www.aidshilfe.de

Lesben

Jugendnetzwerk Lambda e.V.
Ackerstr. 13
10115 Berlin
Tel. (030) 2 82 79 90
e-mail: lambda.berlin@jpberlin.de

Lesbenberatung Stuttgart
Obere Str. 2
70190 Stuttgart
Tel. (0711) 2 85 90-02/-01

Sozialwerk für Lesben und Schwule e.V.
Kartäuserwall 18
50678 Köln
Tel. (0221) 1 94 46

Gewalt

Wildwasser e.V.
Mädchenberatungsstellen

Mehrindamm 50	Dirckensstr. 47
10961 Berlin	10178 Berlin
Tel. (030) 7 86 50 17	Tel. (030) 2 82 44 27

Mädchen-Zufluchtswohnung:
Tel. (030) 8 61 84 45

Zartbitter e.V.
Sachsenring 2-4
50677 Köln
Tel. (0221) 31 20 55

Sucht

Bundeszentrale für gesundheitliche Aufklärung
Ostmerheimer Str. 220
51109 Köln
Beratungstelefon Aids- und Suchtprävention: (0221) 89 20 31

Deutsche Hauptstelle gegen
Suchtgefahren e.V.
Westring 2
59065 Hamm
Tel. (02381) 9 01 50

Verband ambulanter Behandlungsstellen
für Suchtkranke/Drogenabhängige e.V.
Karlstr. 40
79104 Freiburg
Tel. (0761) 20 03 69

Ess-Störungen

Aktionskreis Ess- und Magersucht
Cinderella e.V.
Westendstr. 35
80339 München
Tel. (089) 5 02 12 12

Beratungszentrum bei Ess-Störungen
Dick & Dünn c.V.

Innsbrucker Str. 25	Florastr. 33
10825 Berlin	13187 Berlin
Tel. (030) 8 54 49 94	Tel. (030) 4 00 33 33

Bundesfachverband Ess-Störungen e.V.
Kurt-Schumacher Str. 2
34117 Kassel
Tel. (0561) 71 34 93

Schweiz

Beratung und Hilfe

Bundesamt für Sozialversicherung:
Zentralstelle für Familienfragen
Effingerstr. 33
3003 Bern
Tel. (031) 3 22 91 22

Dachverband Pro Familia Schweiz
Laupenstr. 45/Postfach 7572
3001 Bern
Tel. (031) 3 81 90 30

Schweizerischer Kinderschutzbund
Brunnmattstr. 38/Postfach 344
3000 Bern
Tel. (031) 3 82 02 33

Sorgentelefon für Kinder und Jugendliche:
Schlupfhuus
Schönbühlstr. 8
8033 Zürich
Tel. (01) 2 61 21 21

Universitäts-Frauenklinik
Abteilung für Gynäkologie, Sozialmedizin
und Psychosomatik
Schanzenstr. 46
4031 Basel
Tel. (061) 3 25 90 70

Aids

AIDS-Hilfe Schweiz
Konradstr. 20/Postfach 141
8031 Zürich
Tel. (01) 2 73 42 42
e-mail: aids@aids.ch
http://www.hivnet.ch

Lesben

Lesbenberatung, Frauenzentrum
Mattengasse 27
8005 Zürich
Tel. (01) 2 72 73 71

Lesbenorganisation Schweiz (LOS)
Postfach 4668
8022 Zürich
Tel. (01) 4 36 19 69
http://www.los.ch

Gewalt

*Beratungsstelle für vergewaltigte Frauen
und Mädchen*
Rodtmattstr. 45
3014 Bern
Tel. (031) 3 32 14 14

CASTAGNA
Universitätsstr. 86
8006 Zürich
Tel. (01) 3 64 49 49

Frauen-Nottelefon
Technikumstr. 38
8401 Winterthur
Tel. (052) 2 13 61 61

*Nottelefon und Beratungsstelle für
Frauen – Gegen sexuelle Gewalt*
Postfach 8760
8036 Zürich
Tel. (01) 2 91 46 46

Sucht

*Verein Drogenentzug und Drogenhilfe
Zürich*
Postfach 8202
8036 Zürich
Tel. (01) 4 51 00 25

Ess-Störungen

Team Selbsthilfe Zürich
Dolderstr. 18
8032 Zürich
Tel. (01) 2 52 30 36

Österreich

Hilfe und Beratung

Ö3-Kummernummer
Tel. (0664) 60 77 (zum Ortstarif)
e-mail: hitradio@oe3.at
www.oe3.orf.at

Österreichischer Kinderschutzbund/
Verein für Gewaltlose Erziehung
Obere Augartenstr. 26-28
1020 Wien
Tel. (01) 3 32 50 01
http://www.con-nex.com/kinderschutz

Pro Juventute
Salzstr. 7
8970 Liezen
Tel. (03612) 2 63 22

Sexualberatungsstelle Salzburg
Auerspergstr. 10
5020 Salzburg
Tel. (0662) 87 08 70

Aids

AIDS-Hilfe Wien
Maria Hilfer-Gürtel 4
1060 Wien
Tel. (01) 5 95 37 11-91/-93
e-mail: wien@aidshilfe.or.at

Lesben

Jugendgruppe Homosexuelle Initiative
Müllner Haupstr. 11
5020 Salzburg
Tel. (0662) 43 59 27
e-mail: hasi-salzburg@gay.at
http://www.salzburg.gay.at

Rosa Lila Villa
Beratungs-, Kultur- und Informationszentrum
für homosexuelle Frauen und Männer
Linke Wienzeile 102
1060 Wien
Tel. (01) 5 86 81 50
e-mail: rosalila.tip@blackbox.at

Gewalt

Belladonna Frauenberatung
Villacher Ring 21/2
9020 Klagenfurt
Tel. (0463) 51 12 48

Frauennotruf Salzburg
Haydnstr. 2
5020 Salzburg
Tel. (0662) 88 11 00

Notruf für vergewaltigte Frauen und
Mädchen
Verein Frauen gegen Vergewaltigung
Postfach 764
6021 Innsbruck
Tel. (0512) 57 44 16

Sucht

Change-Drogenberatung
Theresiengasse P16
1180 Wien
Tel. (01) 4 06 23 02

DIALOG Hilfs- und Beratungstelle für
Suchgiftgefährdete und ihre Angehörigen
Hegelgasse 8/3/11
1010 Wien
Tel. (01) 51 20 18 10
e-mail: dialog@netway.at

Ess-Störungen

Netzwerk für Ess-Störungen; Anorexie,
Bulimie und Adipositas
Fritz-Pregl-Str. 5
6020 Innsbruck
Tel. (0512) 57 60 26
e-mail: netzwerk-essstoerungen@uibk.ac.at

Bildnachweis:

S. 7   © Mauritius Age
S. 13   © Bavaria TCL
S. 39   © Zefa M. Meyer
S. 55   © Image Bank, David de Lossy
S. 75   © Mauritius Age
S. 95   © Mauritus Age
S. 121 © Image Bank, Marc Romanelli
S. 149 © Bavaria TCL
S. 167 © Image Bank, Paolo Curto

Glossar